W0346445

Willy

Die spannende Geschichte eines deutschen Bundeskanzlers

Sabine Carbon
Barbara Lücker

Illustration Maren Barber

edition.SABA

Keine Flugangst! Ab in die USA, 1958

Schon mal was von Willy Brandt gehört? Bestimmt! Er war ja immerhin deutscher Bundeskanzler.

Schon mal was von Billy gehört? Nein? Kein Wunder! Das bin nämlich ich, ein unbedeutender Straßenkater aus Lübeck. Ich wurde 1913 geboren, kurz vor Weihnachten, am gleichen Tag wie Willy, und ihr könnt euch sicher vorstellen, dass ich seitdem eine Menge erlebt habe. Ihr glaubt mir nicht? Katzen werden doch nicht so alt? Ach was, eine Katze hat neun Leben! Ich bin gerade erst in meinem sechsten angelangt, und daher: jung, frisch und trotzdem weise.

Ich schweife ab ... Eigentlich wollte ich euch ja von Willy erzählen. Mit dem berühmten Willy verbindet mich nämlich sehr viel. Wir wurden, wie gesagt, am gleichen Tag, am gleichen Ort geboren. Allerdings hieß Willy damals noch gar nicht Willy Brandt, sondern Herbert Frahm. Und Frahm war auch nicht der Name seines Vaters, den kannte er nämlich gar nicht, sondern der seines Opas. Der war aber auch nicht sein richtiger Opa, sondern sein Stiefopa ... Blickt ihr noch durch? ... Ihr seht schon, komplizierte Familienverhältnisse!

Ach, ich werde euch einfach die ganze Geschichte erzählen, denn ich war ja immer dabei. Ich bin Willy gefolgt auf Schritt und Tritt. Wahrscheinlich, weil ich schon ahnte, dass ich mit ihm spannende Abenteuer erleben und in die geheimsten und höchsten Kreise gelangen würde. Wenn ihr mich nun allerdings auf Fotos von Willy sucht, dann werdet ihr mich kaum finden, denn ich habe mich die ganze Zeit versteckt gehalten. Noch nicht mal Willy hat mich bemerkt, wenn ich auf leisen Pfoten um ihn herumschlich, nur einmal...

...aber ich will von vorn beginnen.

Kind

Keine Ahnung, was für ein Wetter wir hatten an jenem Donnerstag, dem 18. Dezember 1913, in Lübeck. Ich weiß nur, dass meine Mutter fürchterliche Angst um mich hatte. Junge Katzen wurden damals in der Regel ertränkt. Mich aber konnte sie retten, und so habe ich mich mein ganzes Leben lang unsichtbar gemacht. Als ich endlich sehen und gehen konnte, erkundete ich das Haus, in dem meine Mutter mich geboren hatte, und ich sah den kleinen Herbert heranwachsen. Viel Zeit hatte seine Mutter nicht für ihn. Die junge Frau musste ihr Kind ohne Mann durchbringen, was damals noch schwieriger war als heute. Sie arbeitete als Verkäuferin und lebte mit ihrem Stiefvater, Ludwig Frahm, unter einem Dach. Er übernahm die Vaterrolle für den kleinen Herbert und gab ihm auch seinen Namen: Frahm.

Es waren harte Zeiten. Wenig Futter! Nur ab und zu ein paar abgemagerte Mäuse. Wir mussten uns so durchschlagen.

1914 begann der Erste Weltkrieg, der mehr als vier Jahre dauerte. Herberts Opa musste als Soldat an die Front. Als Herbert zwei Jahre alt war, ging seine Mutter mit ihm zum Fotografen und ließ ein Bild von ihm machen, in Uniform und mit Pickelhaube. Das fand man damals, mitten im Krieg, offensichtlich passend.

heit

Als wieder Frieden herrschte, musste der deutsche Kaiser das Land verlassen, weil Deutschland jetzt eine Republik war. Ludwig Frahm aber kehrte zurück aus dem Krieg, und Herbert kam in die Schule. Ich habe ihn oft begleitet, wenn er mit seinen kurzen Hosen los ging. Kurze Hosen waren damals für Schüler so üblich. Auch im Winter, dann aber mit langen Strümpfen und Strumpfhaltern. Da seine Familie recht arm war, musste Herbert, wie viele andere Kinder auch, sehr auf seine Kleidung achten. Ein kaputter Schuh grenzte bereits an eine Katastrophe. Überhaupt waren die Jahre nach dem Ersten Weltkrieg eine schlimme Zeit. Es gab noch weniger zu essen, und viele Männer, die aus dem Krieg heimkehrten, hatten ihre Jobs verloren, wurden arbeitslos.

Bitte lächeln! Gar nicht so leicht für einen Zweijährigen

Streik und Brot

Herbert und seiner Familie ging es vergleichsweise gut. Als Lastwagenfahrer verdiente sein Opa nämlich 200 Mark im Monat. Das war gar nicht mal schlecht. Er mietete eine Wohnung – mit Bad, was damals auch nicht selbstverständlich war. Später bekam Herbert sogar ein eigenes Zimmer, eine Dachkammer. Alle anderen Jungen beneideten ihn darum. Es war der reinste Luxus!

Aber Ludwig Frahm wollte noch mehr für sich, seinen Enkel und die gesamte Menschheit. Er war Sozialist und kämpfte dafür, dass es allen Menschen, vor allem den Arbeitern, einmal besser gehen sollte. Arbeiter zu sein war damals nämlich ein hartes Los. Arbeiter verdienten viel weniger als Büroangestellte und als Fabrikbesitzer sowieso. Sie schufteten schwer und konnten es sich nicht leisten, ihre Kinder auf höhere Schulen zu schicken.

1921 wurde in Ludwig Frahms Firma gestreikt. Die Arbeiter verlangten höhere Löhne und bessere Arbeitsbedingungen. Aber die Firmenleitung blieb hart und zahlte während des Streiks kein Geld. Es herrschte Hunger. In diesen Tagen stand der kleine Herbert einmal sehnsüchtig vor einem Bäckerladen und schaute sich mit knurrendem Magen die leckeren Brote da drinnen an. Der Fabrikdirektor sah ihn, bekam Mitleid und kaufte ihm zwei davon. Herbert hat sich natürlich sehr darüber gefreut. Aber als er die Brote stolz mit nach Haus brachte, war sein Großvater sauer. „Ein streikender Arbeiter nimmt doch keine Geschenke vom Fabrikdirektor an!", schimpfte er. „Der soll den Arbeitern doch lieber gleich mehr Geld zahlen, dann braucht er auch keine Brote an hungernde Kinder zu verschenken!" Ich bekam an diesem Tag übrigens auch nichts zu fressen.

Herbert war zwar traurig, dass er die Brote zurückbringen musste, was er auch schweren Herzens und knurrenden Magens getan hat. Ich bin sein Zeuge! Doch eigentlich hat ihn die Haltung seines Großvaters beeindruckt. Ludwig Frahm war ein durch und durch stolzer Arbeiter und Sozialist, und das prägte auch seinen Enkel.

Der Stiefopa heiratet.
Ludwig Frahm und Dora Sahlmann, 1919

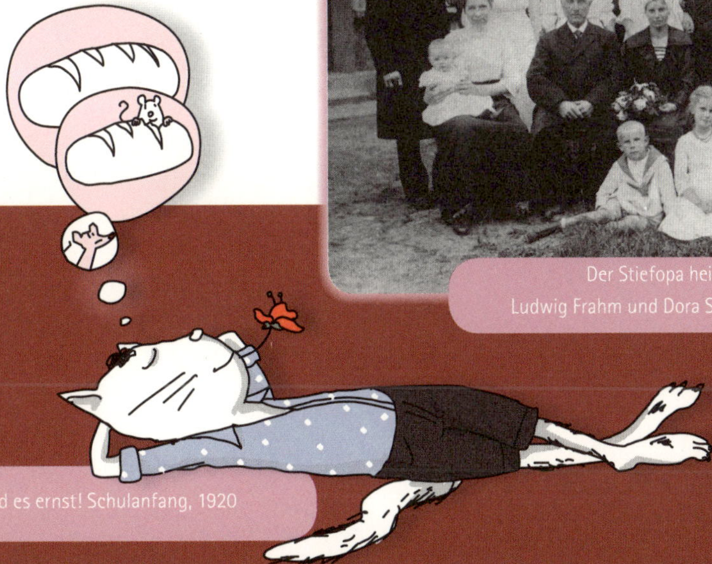

Jetzt wird es ernst! Schulanfang, 1920

Einmal, als ich Herbert in die Schule folgte und mich hinter einem Papierkorb versteckte, bekam ich mit, wie er ein Gedicht vortrug, natürlich eines, in dem es um das Leid und die Mühsal der Arbeiter ging. Es war wirklich ein starker Auftritt! Andere schämten sich eher, Herbert nicht. Er liebte es, Gedichte mit lauter Stimme und ausufernden Armbewegungen vorzutragen. Eigentlich hätte damals schon jedem auffallen müssen, dass in dem Jungen etwas Besonderes steckte, dass er zum Redner geboren war. Viele haben sicher gedacht, dass aus ihm am Ende doch nur ein Tischler oder ein einfacher Postbeamter werden würde.
Er war eben nur ein armes Arbeiterkind, das es mit lauter Kindern aus wohlhabenden Familien auf ein Gymnasium geschafft hatte. Damals musste man in Deutschland für ‚höhere' Schulen noch Schulgeld zahlen! Herbert aber bekam wegen seiner guten Noten ein Stipendium, das heißt, er bekam das Schulgeld bezahlt. Das war eine riesige Chance für ihn und er machte etwas daraus. Einige seiner Mitschüler haben sein Talent dann doch erkannt und ihn respektvoll den ‚Politiker' genannt.

Nur Jungs! Herbert (obere Reihe, 2. von rechts) mit seiner Klasse am Lübecker Johanneum, 1929

Herbert war ehrgeizig, und er verschlang Bücher. Für mich war es reichlich langweilig, ihm dabei zuzusehen. Aber ihm machte Lesen offensichtlich großen Spaß. Zum Beispiel das ‚Kommunistische Manifest' von Karl Marx, das damals so etwas wie eine ‚Bibel' der Arbeiter war. Darin ruft der Autor nämlich die Arbeiter aller Länder dazu auf, sich zusammenzuschließen und sich nichts gefallen zu lassen. Oder ‚Lockruf des Goldes' von Jack London, wo es um den großen Goldrausch in Alaska geht. Ich glaube, Herbert reizten Abenteuer und die Politik. Manchmal auch beides gleichzeitig. Außerdem hat er gern selbst geschrieben. Sein Traum war es ja, Journalist zu werden, und so begann er schon früh, Artikel für den ‚Lübecker Volksboten' zu schreiben.

Mit fünfzehn Jahren wurde Herbert Vorsitzender der Lübecker ‚Roten Falken', einer Arbeiterjugendgruppe. Im Sommer gingen sie oft auf große Fahrt – und ich war dabei. Diesen Spaß wollte ich mir nicht entgehen lassen! Die ‚Roten Falken' veranstalteten riesige internationale Ferienlager mit Kindern aus ganz verschiedenen Ländern. Und das Beste war: Kein Erwachsener mischte sich ein! 2000 Kinder bauten gemeinsam Zelte auf, diskutierten, kochten ... Herbert, mittendrin, gab natürlich den Ton an. Und er schrieb einen Zeitungsartikel darüber: *Wer sind die Roten Falken? Arbeiterjungens und Arbeitermädels, die ihre Freizeit in Gemeinschaft mit ihren Klassengenossen bei frohem Spiel und Tanz, aber auch ernster Arbeit verbringen. Die auf Fahrt selbst nähen, selbst kochen und stets hilfsbereit sind.*

Na ja, vielleicht klingt das für euch heute nicht gerade besonders prickelnd. Herbert war eben ein ziemlich ernsthafter junger Mann, wenn es um seine politischen Ideale ging. Allerdings haben ihm auch die Mädchen bei den ‚Roten Falken' gut gefallen. Es gab ja damals noch getrennte Jungen- und Mädchenschulen, und dass Jungen und Mädchen zusammen in einem Zelt schliefen, miteinander über Politik diskutierten oder gemeinsam im Meer badeten, das war einfach unerhört, ja revolutionär! Natürlich regten sich viele Leute über die Ferienlager der Falken auf.

Rote Falken und weiße Möwen, 1922

Herbert war begeistert von den Mädchen, den Abenteuern und besonders von den Idealen, die man bei den ‚Roten Falken' teilte. „Arbeiter aller Länder vereinigt euch!" Das hatte er, wie ihr wisst, im ‚Kommunistischen Manifest' gelesen, und er wollte etwas dafür tun. Schon mit 16 trat er in die SPD ein, die Sozialdemokratische Partei Deutschlands, zwei Jahre früher als eigentlich erlaubt. Aber der Chef der Lübecker SPD, Julius Leber, hatte das politische Talent des Jungen erkannt und holte Herbert in seine Partei.

Natürlich fiel es irgendwann auch den Lehrern auf, dass sich Herbert inzwischen viel mehr für Politik als für Mathematik und Erdkunde interessierte. Seine Mutter musste sich von einem besorgten Oberstudienrat anhören: „Halten Sie Ihren Sohn von der Politik fern! Es ist schade um ihn. Die Politik wird ihn ruinieren!" Zuerst sah es auch ganz so aus, als würde er Recht behalten, denn nach der Schule stürzte sich Herbert in ein wirklich gefährliches Abenteuer, aber davon später ...

Für seine Abiturprüfung schrieb Herbert übrigens einen Aufsatz über die Frage, ob Schulwissen fürs Leben nützlich ist oder nicht. Er war eher für die praktischen Erfahrungen, von denen er damals ja schon eine ganze Menge machte. Aber lest selbst, was Herbert damals geschrieben hat:

Mit der Zeitung „Kampfsignal", 1932

Mit Schulkameraden beim Bratheringessen, 1930

SPD

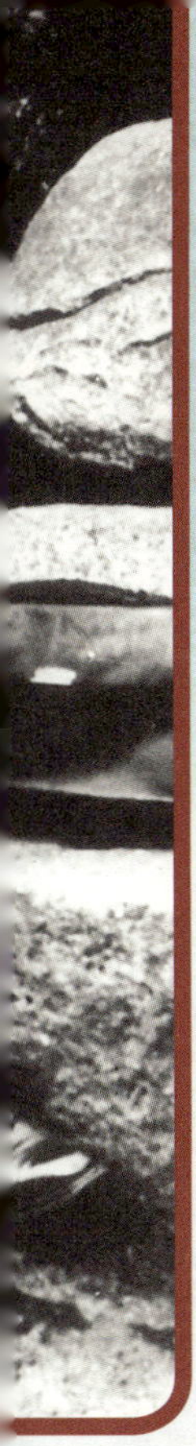

... Ich glaube, unsere Schule steht viel zu sehr in der Vergangenheit, um Menschen der Gegenwart, geschweige denn Menschen der Zukunft, auf eigene Füße stellen zu können ... Ich bin zum Leidwesen meiner Lehrer die letzten Jahre immer meiner eigenen Wege gegangen. Ich bin nicht traurig darüber. Sondern ich freue mich, denn ich glaube, ich wäre ein armer Mensch, hätte ich nicht das, was ich selbst erarbeitet habe ...

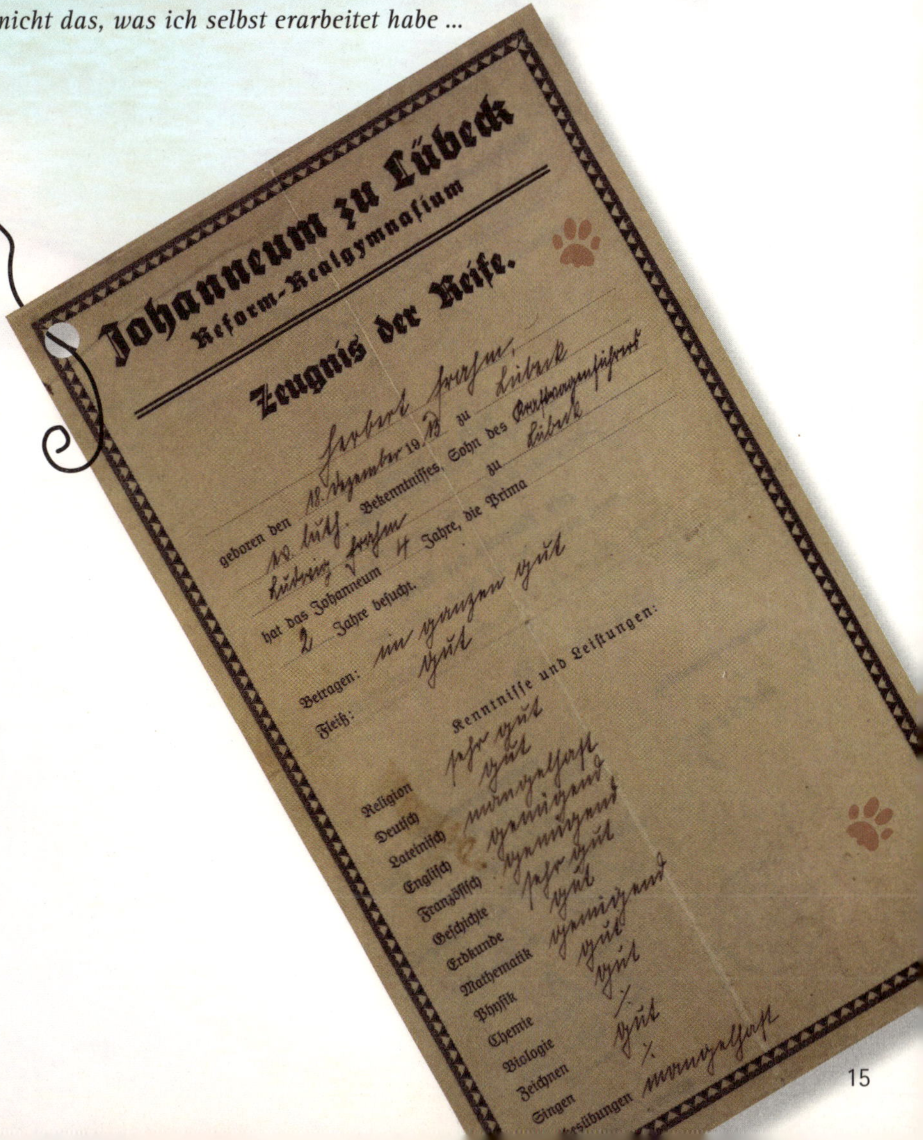

Johanneum zu Lübeck
Reform-Realgymnasium

Zeugnis der Reife.

Herbert Frahm

geboren den 18. Dezember 1913 zu Lübeck
ev. luth. Bekenntnisses, Sohn des Kraftwagenführers
Ludwig Frahm zu Lübeck
hat das Johanneum 4 Jahre, die Prima
2 Jahre besucht.

Betragen: im ganzen gut

Fleiß: gut

Kenntnisse und Leistungen:

Religion	sehr gut
Deutsch	gut
Lateinisch	mangelhaft
Englisch	genügend
Französisch	genügend
Geschichte	sehr gut
Erdkunde	gut
Mathematik	genügend
Physik	gut
Chemie	gut
Biologie	x
Zeichnen	gut
Singen	x
Leibesübungen	mangelhaft

unru

In dieser Zeit, Ende der 20-er, Anfang der 30-er Jahre des letzten Jahrhunderts, wurden die Nationalsozialisten immer stärker. Sie trugen zwar auch den Sozialismus im Namen, hatten aber gänzlich andere Vorstellungen als Herbert Frahm und seine Freunde. Die ‚Nazis', wie sie auch genannt wurden, glaubten allen Ernstes, dass das deutsche Volk allen anderen Völkern überlegen sei. Und für alle Probleme auf der Welt machten sie die Juden verantwortlich. Als ob nicht alle Menschen gleich wären! Aber der Anführer der Nazis, Adolf Hitler, den sie ehrfürchtig den ‚Führer' nannten, hasste Juden, Kommunisten und Sozialisten und befahl seinen Anhängern, das Gleiche zu tun.

Herbert Frahm und seine Freunde in der Sozialdemokratischen Partei dachten da ganz anders. Sozialismus bedeutete ja, sich auch für die Schwachen in der Gesellschaft einzusetzen. Und den Sozialisten war auch nicht so wichtig, ob jemand Deutscher war oder Däne oder Italiener, denn sie glaubten an die internationale Freundschaft der Arbeiter. Dass die Nazis und die Sozialisten sich nie vertragen würden, war klar, aber ihr könnt euch nicht vorstellen, was damals auf den Straßen los war. Dauernd gab es Schlägereien zwischen ‚Roten Falken' und Mitgliedern der ‚Hitlerjugend' – in der Hauptstadt Berlin, in Lübeck und anderswo. Auch die Erwachsenen haben sich nicht selten geprügelt wegen der Politik.

Wo ist Herbert? Demonstration der Sozialistischen Arbeiterjugend in Lübeck, 1929

ge Zeiten

Viele Deutsche waren nämlich, nachdem der Kaiser nach dem Ersten Weltkrieg das Land verlassen hatte, noch nicht so richtig gewöhnt an die Demokratie, an die Mitbestimmung aller. Manche wollten den Kaiser wiederhaben, andere wollten einen Mann wie Hitler, der damals große Sprüche klopfte und versprach, Deutschland nach dem entsetzlichen Weltkrieg wieder groß und stark zu machen. In den 20-er Jahren gab es ja eine Krise nach der anderen: Erst kam die große Inflation. Mit einem Schlag war das Geld nichts mehr wert und ein Liter Milch kostete plötzlich mehrere Millionen Mark und wurde alle paar Minuten noch teurer. Es war der reine Irrsinn! Ich habe mir damals ein Bett aus lauter Tausendmarkscheinen gebaut, die jemand einfach weggeworfen hatte. Und ich habe erstaunlich gut darauf geschlafen. 1929 gab es dann eine weitere Katastrophe, die Weltwirtschaftskrise, die wirklich die ganze Welt erfasste. Von New York bis Berlin fielen die Aktienkurse in den Keller. Viele verloren ihr Vermögen, Millionen ihre Arbeit.

„Republik, das ist nicht viel, Sozialismus ist das Ziel!“, riefen die Sozialisten. Sie wollten, dass es den Arbeitern endlich besser gehen sollte. „Republik, das ist nicht viel, Sozialismus ist das Ziel!“, rief auch Herbert Frahm. Er wurde langsam unzufrieden mit den alten Männern in seiner Partei, der SPD. Seiner Meinung nach waren sie viel zu lasch gegenüber den Nazis, die immer stärker wurden. Der Streit spitzte sich zu, und manche unter den Jungen traten aus der SPD aus und gründeten die SAP, die Sozialistische Arbeiterpartei. Herbert war dabei. Er wollte endlich etwas verändern, er wollte gegen Hitler kämpfen! Damit setzte er seine Karriere aufs Spiel.

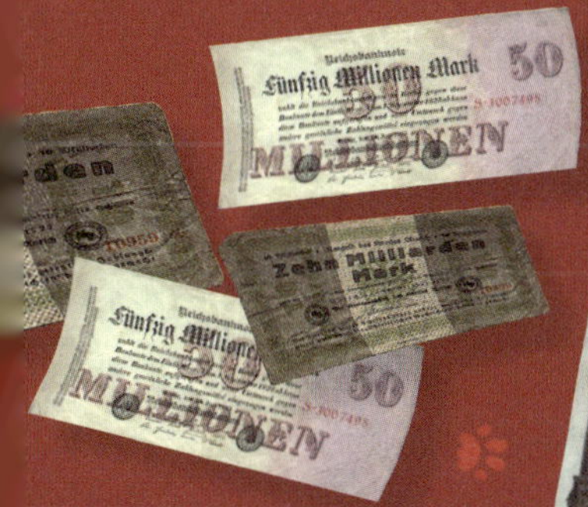

Ja wirklich, der Austritt aus der SPD hat Herbert ganz schön geschadet. Eigentlich wollte er nach der Schule studieren, und die SPD hatte sich bereiterklärt, das Studium ihres viel versprechenden Nachwuchspolitikers zu bezahlen. Mit dem Austritt aus der Partei war daran natürlich nicht mehr zu denken. Herbert tat mir so leid. Auch beim Lübecker Volksboten, der Parteizeitung der SPD, konnte er jetzt nicht mehr mitarbeiten. Fast sah es so aus, als hätte sein Lehrer mit der Warnung Recht behalten, dass die Politik ihn ruinieren würde. Denn Herbert hatte gerade eine ganz große Chance vertan. Aber irgendwie ahnte ich auch, dass ich mir um ihn keine Sorgen zu machen brauchte. Er musste eben erst einmal ein paar Erfahrungen machen, gute und schlechte.

Auf der Suche nach einer Ausbildungsstelle landete Herbert in einer Reederei im Lübecker Hafen. Dröge Schreibtischarbeit war nun nicht gerade sein Traumjob. Aber es reichte zum Leben, und er hatte genügend Zeit, weiter politisch zu arbeiten. Allerdings wurde auch das immer unerfreulicher. Herberts neue Partei, die SAP, hatte keinen Erfolg bei den Wahlen. Dafür schafften es die Nazis 1933, die Macht an sich zu reißen. Es war ein Schock!

Wie aus Herbert Willy wurde ... Lübeck, 1930

Auch Herbert hatte Hitlers Erfolgschancen unterschätzt. Nun konnte man dem selbst ernannten ‚Führer des deutschen Volkes' dabei zusehen, wie er das Land nach seinem Willen umkrempelte. Sofort begannen die Nazis mit der Verfolgung ihrer politischen Gegner, die sie misshandelten, in ‚Konzentrationslager' einsperrten oder gleich umbrachten.

Von nun an musste Herbert Frahm sein politisches Leben im Untergrund führen, das heißt im Geheimen. Das klingt zwar spannend, aber es war auch sehr gefährlich, eine andere Meinung zu vertreten als Adolf Hitler. Überall lauerten seine Spitzel und seine Schlägertrupps. Trotzdem fuhr Herbert zu einem geheimen Treffen der SAP nach Dresden. Zur Tarnung setzte er sich seine Schülermütze auf. Damit glaubte er, ganz harmlos und unpolitisch auszusehen. Die SAP-Versammlung war so geheim, dass sich alle Teilnehmer Decknamen zulegten. Zum ersten Mal nannte sich Herbert Frahm nun ‚Willy Brandt'. Wie er gerade auf den Namen gekommen ist? Keiner weiß es so genau, er muss ihn wohl irgendwo mal gelesen haben.

Was soll ich sagen? Ich bin nur ein einfacher Kater, der nie erwartet hätte, einmal ein so aufregendes Leben zu führen. Aber Herbert, oder vielmehr Willy, wie er sich jetzt oft nannte, ließ mir von nun an überhaupt keine Ruhe mehr. Von Tag zu Tag wurde auch mein Leben immer abenteuerlicher.

Im März 1933 fanden noch einmal Reichstagswahlen statt. Aber eigentlich hatten die Wähler gar keine richtige Wahl mehr, denn die Nazis versuchten massiv, ihre Gegner einzuschüchtern. Trotzdem, oder gerade deswegen, verfassten Willy, seine Freundin Gertrud Meyer und sein Freund Emil Peters heimlich Flugblätter: „Wer Hitler wählt, wählt den Krieg!“, war darauf zu lesen. Ein Vervielfältigungsgerät stand in einer Kunsthonigfabrik, in die Willy und sein Freund nachts heimlich übers Dach einstiegen. Der ältere Sohn des Firmenbesitzers unterstützte sie dabei. Das Gefährlichste aber war, die gedruckten Flugblätter unters Volk zu bringen. In München wurden Jahre später, 1943, ein paar Studenten genau aus diesem Grund zum Tode verurteilt. Sie hatten gegen Hitler gerichtete Flugblätter in der Universität verteilt. 1933 war das noch nicht ganz so gefährlich, aber auch Herbert und seine Freunde konnten jederzeit erwischt werden. Sie mussten den Nazis immer mindestens zwei Schritte voraus sein. Aus diesem Grunde lernten sie zahlreiche Tricks. Zum Beispiel, wie man Dokumente in Kleidungsstücke einnäht oder wie man unsichtbare Tinte herstellt. Soll ich euch verraten, wie das geht?

Eigentlich ganz einfach. Man kann Apfelsaft, Essig, Orangensaft, Salzwasser, Zitronensaft, Zuckerwasser oder Zwiebelsaft verwenden. Egal! Was ihr gerade da habt. Dann holt ihr euch ein Wattestäbchen, taucht es in die Flüssigkeit und schreibt damit

Untergrund

Mit Gertrud Meyer, 1933

unsichtbar auf ein Blatt. Um die Schrift sichtbar zu machen, braucht ihr das Blatt nur zu bügeln. Dann erscheint alles wie durch Zauberhand. Aber aufpassen mit dem Bügeleisen!

Es dauerte nicht lange, da wurde Willy für eine wichtige Aufgabe im Ausland gebraucht. Er bekam den Auftrag, in der norwegischen Hauptstadt Oslo ein Büro der SAP zu eröffnen. Von dort sollte er die Parteiarbeit weiterführen, denn in Deutschland war es viel zu gefährlich geworden. Willy war damals gerade mal 19 Jahre alt, und seine Mutter und sein Opa haben sich natürlich große Sorgen gemacht. Aber da seine politischen Ziele auch die ihren waren, unterstützten sie ihn. Als Erstes hob Willy 100 Mark, sein ganzes Vermögen, vom Sparbuch ab. Dann holte er warme und wetterfeste Kleidung aus dem Schrank, zog sich an und fuhr nach Travemünde an die Ostsee. Im Haus eines Fischers wartete er auf das Auslaufen des Bootes, das ihn nach Skandinavien bringen sollte ... Und dann machte er einen großen Fehler. Mir wird jetzt noch ganz schlecht, wenn ich daran denke! Weil der Fischer ewig nicht kam und es Willy langweilig wurde, beschloss er, noch etwas trinken zu gehen. In der Kneipe traf er aber ausgerechnet einen alten Bekannten. Das wäre alles noch gar nicht weiter schlimm gewesen, aber ... dieser alte Bekannte war dummerweise zu den Nazis übergelaufen! Ich saß die ganze Zeit unter dem Tisch und trommelte mit der Pfote auf Willys Schienbein, dass er endlich aufstehen und gehen sollte. Aber Willy ließ sich nicht aus der Ruhe bringen. Jetzt nicht und später auch nicht. Er hatte in solchen Situationen manchmal Nerven wie Drahtseile. Ganz freundlich unterhielt er sich weiter mit dem Mann. Und der hat wirklich keinen Verdacht geschöpft. Dabei war Willy doch gerade dabei, aus Deutschland und vor Hitler zu fliehen. Glück gehabt!

Überfahrt

Um Mitternacht war es dann endlich so weit. Das Boot legte ab, mit dem geheimen Passagier Willy an Bord – und natürlich mit mir. Willy hat später oft erzählt, wie entsetzlich diese Überfahrt bei stürmischem Wetter war, und dass er seekrank wurde. Er hat aber keine Ahnung, wie schlimm es erst mir ergangen ist!

Nach sechseinhalb Stunden konnten wir in Dänemark endlich an Land gehen, und ein paar Tage später schifften wir uns von dort nach Norwegen ein. Glücklicherweise hatte Willy zwei Jahre zuvor auf einer Reise ein bisschen Norwegisch gelernt. Manchmal kann es wirklich außerordentlich hilfreich sein, fremde Sprachen zu sprechen. Auch ich spreche übrigens Norwegisch, Englisch, Französisch und Katzendeutsch mit Lübecker Einschlag. Aber ich will nicht angeben!

Nie wieder seekrank!
Mit norwegischer Studentenmütze, 1934

Im Zeltlager in Norwegen, 1935

Ich hatte das Gefühl, dass sich Willy in Norwegen sehr wohl fühlte, nicht nur aus politischen Gründen. Er mochte die Landschaft, er mochte die Menschen. Wieder arbeitete er als Journalist für verschiedene Zeitungen. In seinen Artikeln warnte er vor Hitler. Er spürte, wie machtlos die Sozialisten gegenüber diesem selbst ernannten ‚Führer der Deutschen' waren. Immerhin traf bald auch Willys Freundin Gertrud Meyer in Oslo ein. Nun waren wir eben zu dritt. ‚Trudel', wie Willy und ich sie liebevoll nannten, war eine große Hilfe. Sie hatte ja schon politische Erfahrungen in Lübeck gesammelt und war dafür sogar verhaftet worden. Nun organisierte sie in Oslo das Büro der SAP, gemeinsam mit Willy. Die beiden arbeiteten rund um die Uhr. Sie sammelten auch Geld für Flüchtlinge aus Deutschland. Manche hatten es ja gerade noch so geschafft, Hitler und seinen Häschern zu entkommen. Andererseits gelang es Trudel und Willy immer wieder, geheime Nachrichten und Informationen nach Deutschland zu schmuggeln. Dort gab es ja keine freie Presse mehr, sondern nur noch Zeitungen, die schrieben, was die Nazis hören wollten. Zum Schmuggeln benutzten die beiden Koffer mit doppeltem Boden, oder sie versteckten Schriftstücke in Büchern. Und die tolle Geheimtinte kennt ihr ja schon.

1936 reiste Willy in die Höhle des Löwen. Was denkt ihr? Wo war es 1936 für ihn am gefährlichsten?

In Berlin, ganz klar! In der Hauptstadt des Deutschen Reiches, wo Adolf Hitler herrschte. In der Geheimsprache der SAP hieß Berlin übrigens ‚Metro', was so viel heißt wie Mitte oder Zentrum. Natürlich benutzte Willy für diese Reise einen falschen Pass, den eines befreundeten Norwegers. Er nannte sich Gunnar Gaasland und sprach Deutsch mit norwegischem Akzent. Wenn jemand geahnt hätte, dass er in Berlin unterwegs war, um die Freunde von der SAP mit Informationen aus dem Ausland zu versorgen, wäre er sofort im Gefängnis gelandet – oder noch schlimmer!

Übrigens wohnte Willy sehr zentral, gleich neben dem Café Kranzler, wo es noch heute leckere Kuchen gibt. Manchmal bin ich leise rübergeschlichen und habe mir ein paar Krümel von den Tellern stibitzt. Willy ging es nicht so gut wie mir. Gegen Katzen hatte Hitler ja nichts, glaube ich wenigstens, und ich war an dieses Leben ‚undercover' sowieso gewöhnt. Willy dagegen nicht. Er litt darunter. Er durfte nicht auffallen, und er musste sein Geld zusammenhalten. Schließlich war er ja da, um den im Untergrund arbeitenden Freunden zu helfen. In Berlin waren damals gerade die Olympischen Spiele zu Ende, und Hitler hatte es wirklich geschafft, die Welt mit diesem internationalen Ereignis zu beeindrucken. Er hatte dem Ausland ein weltoffenes und tolerantes Land vorgegaukelt. Natürlich war das Gegenteil der Fall. Aber viele glaubten ihm und waren dann ganz überrascht, als er drei Jahre später einen Krieg anzettelte.

Berlin 1936

Willy ließ sich von den Nazis natürlich nicht beeindrucken. Jeden Tag ging er in die Staatsbibliothek und las alles Mögliche über Deutschland und seinen ‚Führer'. Er las auch das Buch, das Hitler geschrieben hat. Es heißt ‚Mein Kampf', und ich nehme an, dass Willy es noch dümmer und gefährlicher fand als ich. Ja, auch ich habe es gelesen und mich gewundert, wie dieser Hitler ganz ernsthaft behaupten konnte, dass die Deutschen das Recht hätten, andere Völker zu unterwerfen, aus ihren Ländern zu vertreiben oder gar auszurotten! Das Schlimme war nur, dass viele Menschen alles glaubten, was Hitler sagte oder schrieb. Vielleicht, weil er dauernd im Radio zu hören war mit seiner bellenden Stimme. Auch die Zeitungen schrieben nur Lobeshymnen auf ihn.

Ein paar Mal kam Willy in ziemlich brenzlige Situationen. Einmal zum Beispiel, als jemand auf die Idee kam, ihm einen norwegischen Bekannten vorzustellen, der in Nazikreisen verkehrte. Grauenhafte Vorstellung, was passiert wäre, wenn jemand an seinem deutschen Akzent erkannt hätte, dass Willy gar kein echter Norweger war!

Geheim, gefährlich, unerkannt ...
Berlin, Unter den Linden, 1936

Nach zwei Monaten war der nervenaufreibende Berlinaufenthalt zu Ende. Willy wurde jetzt in Spanien gebraucht. Dort herrschte ein Bürgerkrieg. General Franco, ein Verbündeter Hitlers, hatte die Macht an sich gerissen. Menschen aus aller Welt – selbst berühmte Künstler und Schriftsteller – kämpften gegen den General. Wenn die Welt schon gegen Hitler versagte, wollte man wenigstens in Spanien etwas unternehmen. Seit der Schulzeit konnte Willy etwas Spanisch, daher war er auch hier wieder der richtige Mann vor Ort. Er war 23 Jahre alt, und beinahe wäre alles schiefgegangen.

Die Fähre aus Oslo kam zu spät in Dänemark an, und gerade noch im letzten Moment erreichten Willy und sein norwegischer Freund, Per Monsen, den Anschlusszug Richtung Frankreich. Fast ihr ganzes Reisegeld ging für ein Taxi zum Bahnhof drauf. Schon in Paris waren sie praktisch pleite und mussten bei Freunden auf dem Fußboden übernachten. Sie schlugen sich in Billigrestaurants durch und erreichten Barcelona schließlich mit dem Zug. Willy, immer noch mit dem gefälschten Pass Gunnar Gaaslands unterwegs, stieg im Hotel Falcón ab. Wie Ernest Hemingway, der große amerikanische Schriftsteller, wollte auch er vor allem über den Krieg schreiben. Bald hatte er kein Geld mehr, ernährte sich nur von ein paar Oliven, saß abends in seinem Hotelzimmer hinter der Schreibmaschine und tippte ein paar traurige Berichte. Seine Hoffnungen auf einen siegreichen

FRONT NOUVEAU
BIMENSUEL
NEUE FRONT
ORGAN FUER PROLETARISCH-REVOLUTIONÆRE SAMMLUNG
…AKTION und ADMINISTRATION: 23, rue Mouffetard, Paris 5e. — PREISE: Frankreich: Einzelnummer 1 frs. — Quartal 5.50.
…nfang Juli 1937
HERAUSGEGEBEN VON DER AUSLANDZENTRALE DER SOZIALISTISCHEN ARBEITER-PARTEI DEUTSCHLANDS
5. Jahrgang, Nummer 11
AUS DEM INHALT:
FRANKREICH:
VOLKSF…
WIR U…
POLIT…
BERICHT …
IM ZEICHEN DES VIERJAHRES-PLANES
…ie spanische Revolution in Gefahr

Die SAP-Zeitung Neue Front, Juli 1937

1937

Kampf gegen Franco erfüllten sich nicht. Der Bürgerkrieg in Spanien war ein blutiges Gemetzel, in dem sich schließlich auch die unterschiedlichen linken Parteien bekämpften. Die Lage war ziemlich unübersichtlich. Noch Jahre später hat Willy sich mit Grauen an den Bürgerkrieg in Spanien erinnert. „Revolutionen sind nicht das erhebende Schauspiel, als das sie uns angepriesen werden. Die Wirklichkeit sieht anders aus: viel weniger romantisch – grausam und verworren“, hat er einmal in einem Interview gesagt.

Willy war kein Träumer, er hatte zu viel erlebt. Andererseits hatte er seine Ideen von einer besseren, gerechteren und friedlicheren Welt nicht aufgegeben. Ihr seht, es ist ziemlich schwer, seinen eigenen politischen Weg zu gehen. Vor allem, wenn man begriffen hat, dass es nicht nur darum geht, Recht zu haben, sondern auch darum, seine Meinung durchzusetzen. Mit anderen Worten: Es geht in der Politik immer auch um Macht. M A C H T! Die Faschisten in Spanien unter General Franco haben die Macht schließlich behalten, und in Deutschland war immer noch Adolf Hitler, Francos Verbündeter, an der Macht. Die linken Gruppen und Parteien hatten den Kampf erst einmal verloren, auch weil sie zersplittert und verfeindet waren und jeder etwas anderes wollte.

Dann passierte, was viele befürchtet hatten: Hitler begann den Zweiten Weltkrieg. Schon 1938 war er einfach in Österreich einmarschiert und hatte sich danach einen Teil der Tschechoslowakei unter den Nagel gerissen. Er war unersättlich und behauptete, dass das deutsche Volk mehr Raum brauche. Seltsamerweise hielten die anderen Länder zunächst still und ließen seinem Machthunger freien Lauf. Irgendwie haben sie ihn damals nicht richtig ernst genommen. Aber dann griff Hitler 1939 Polen an. Das ging dann doch zu weit! Plötzlich wachten Frankreich, England, und ein paar andere Länder auf und erklärten Deutschland den Krieg. Später überfiel die Wehrmacht, wie die deutsche Armee genannt wurde, auch noch die Sowjetunion und eröffnete eine weitere Front im Osten. Nur Japan, Italien und Spanien waren auf Hitlers Seite.

Willy schreibt Bücher über den Krieg

Willy hatte übrigens schon 1938 seine deutsche Staatsbürgerschaft verloren. Die Nazis wollten ihn nicht mehr als Deutschen anerkennen. Er war damit ‚staatenlos' geworden, wie Tausende andere Deutsche mit ihm.

Gefahr für Willy: deutsche Soldaten in Oslo, April 1940

Das klingt harmlos, ist aber ziemlich schlimm. Es bedeutet nämlich, dass sich kein Land zuständig fühlt für dich. Ich selbst habe ja nie einen Pass besessen. Ich weiß, wovon ich rede. Ein Katzenleben ist hart. Keine staatlichen Unterstützungen, keine Rente...

Wieder mal hatte Willy Glück im Unglück. In seinem Exil in Norwegen hatte er sich ja bereits einen Namen gemacht, und so erhielt er bald die norwegische Staatsbürgerschaft. Da er außerdem Carlota Thorkildsen kennen lernte, die bald darauf seine Frau wurde, sah er Norwegen schnell als seine zweite Heimat an.

Die Ereignisse überstürzten sich. Im April 1940 kam Willys erstes Buch heraus, und er erfuhr, dass er zum ersten Mal Vater werden würde. Ausgerechnet am gleichen Tag griff die deutsche Luftwaffe Norwegen an, und die glücklichen Momente waren erst mal dahin. Bald darauf war Norwegen von den Deutschen besetzt – und Willy schwebte mal wieder in großer Gefahr.

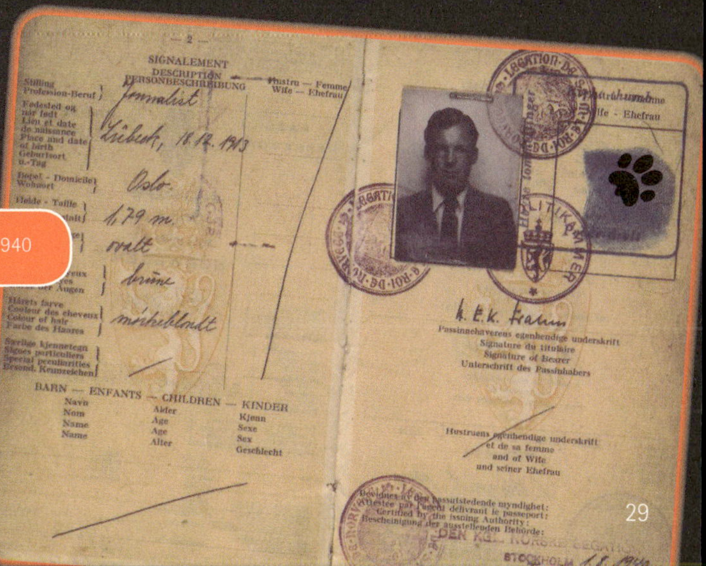

Willys norwegischer Pass, 1940

Was sollte Willy jetzt tun? Überlegt mal, was hättet ihr getan? Ihm blieb natürlich nicht viel Zeit nachzudenken. Wie wäre es mit einer Verkleidung? Na? Ihr ahnt schon ...? Fast hätte ich ihn nicht wiedererkannt, als er plötzlich in norwegischer Soldatenuniform vor mir stand. Irgendwie passten Uniformen sowieso nicht zu ihm, aber er hatte sich mit einem norwegischen Freund einen verwegenen Plan ausgedacht. In dessen Uniform wollte sich Willy von den Deutschen gefangen nehmen lassen, weil er dachte, dass die einen gefangenen Norweger bald wieder freilassen würden. Und er hatte vollkommen Recht damit. Die Nazis hatten nämlich eine seltsame Schwäche für alle ‚nordischen Menschen', die sie mit den Deutschen zur ‚arischen Herrenrasse' zählten. Es ist natürlich vollkommener Blödsinn, jemanden nach seiner Abstammung zu beurteilen, aber dieser Blödsinn hat Willy gerettet.

Daraufhin floh Willy in das Nachbarland Schweden und holte seine schwangere Frau Carlota wenig später nach. Schweden war einigermaßen sicher, weil es sich im Krieg neutral verhielt, das heißt weder auf der einen noch

auf der anderen Seite stand. Mir war Schweden recht, denn wie schon in Norwegen gab es dort jede Menge leckeren Fisch zu fressen.

Inzwischen war vielen, die Hitler anfangs nicht ernst genommen hatten, klar geworden, dass Deutschland und Europa von diesem Tyrannen befreit werden mussten. Hitler ließ Menschen mit anderer Meinung foltern und töten, Ausländer mussten als Arbeitssklaven deutsche Waffen herstellen, Juden, Sinti, Roma wurden in Konzentrationslagern planmäßig und massenhaft ermordet. Hitler musste weg, das war klar. Nicht nur Sozialisten und Sozialdemokraten dachten so, auch viele Liberale, Konservative und sogar Teile der deutschen Wehrmacht. Auch die Deutschen, die ins Exil, also ins Ausland, gegangen waren, befanden sich in einer schlimmen Lage. Einerseits liebten sie ihr Heimatland, in dem sie geboren waren und wo ihre Familien und Freunde wohnten, andererseits war der Kampf gegen Hitler auch ein Kampf gegen das eigene Land. Willy hat in der ganzen schlimmen Zeit den Glauben an ein ‚anderes', ein ‚besseres' Deutschland nicht verloren. „Nicht alle Deutschen sind Nazis!", hat er immer wieder betont.

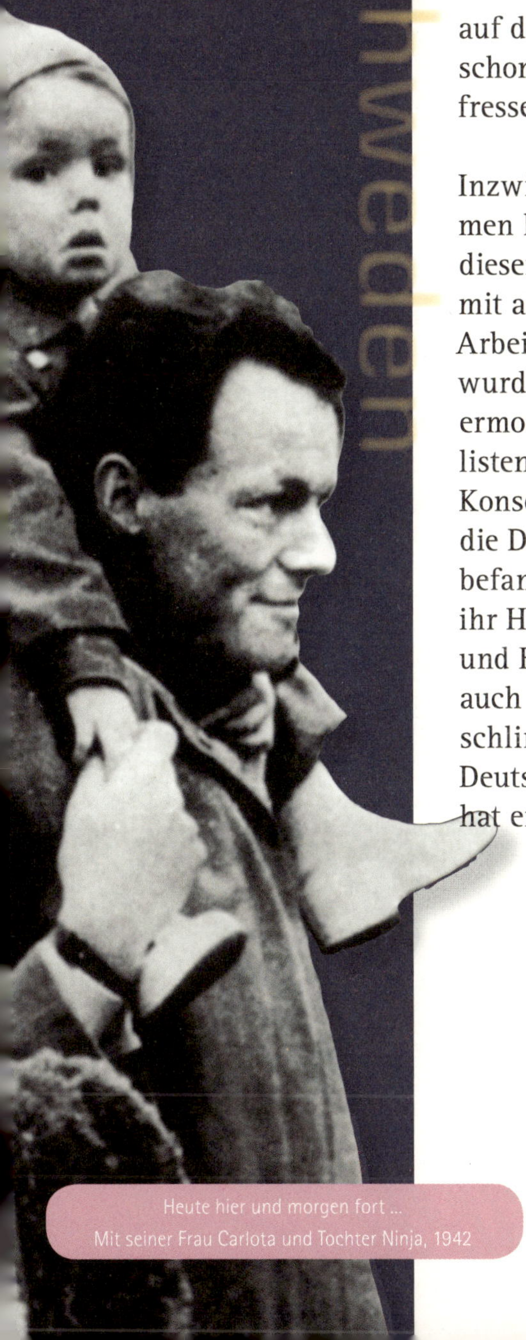

Heute hier und morgen fort ...
Mit seiner Frau Carlota und Tochter Ninja, 1942

Am 8. Mai 1945 war dieses Elend glücklicherweise zu Ende. Deutschland kapitulierte, streckte also die Waffen – und zwar bedingungslos. Der Krieg war aus, manche Städte völlig zerbombt, Familien zerrissen, Millionen von Toten, eine einzige Trümmerlandschaft. Und Hitler hatte sich schon eine Woche vorher umgebracht und aus der Verantwortung gestohlen. Er war eben nicht nur böse und skrupellos, sondern auch noch ein Feigling.

Ganz anders Willy. Man brauchte jetzt Menschen wie ihn, um ein demokratisches, friedliches Deutschland aufzubauen. Schon damals in Norwegen und Schweden waren viele auf den jungen Mann aus Lübeck aufmerksam geworden und ahnten, dass er in einem von Hitler befreiten Deutschland einmal eine wichtige Rolle spielen würde. Recht hatten sie!

Ich kann mich noch genau erinnern, wie Willy und ich zum ersten Mal nach dem Krieg nach Deutschland zurückkehrten.

KAPITULATION

1945

Lübeck war verwüstet und nicht mehr wiederzuerkennen. Zwölf Jahre waren wir weg gewesen. Jetzt sah Willy zum ersten Mal seine Mutter wieder. Meine Familie war untergetaucht, jedenfalls habe ich keine Spur mehr von ihr gefunden. Auch für mich begann ein neues Leben. Ihr wisst ja: Neun Leben haben Katzen, und nun begann mein viertes. Für Willy übrigens auch: Seine Kindheit, die Jugend und die politische Arbeit im Untergrund waren vorbei.

Miauuuuuuuu!!!
Kriegszerstörungen in Lübeck, 1945

Kriegsende

Willy stand vor neuen Aufgaben. Er war ja immer Journalist gewesen, und als solcher reiste er nun nach Nürnberg. Dort standen die Hauptkriegsverbrecher vor Gericht. Man kann sich zwar fragen, ob Kriege nicht sowieso Verbrechen sind, aber ich habe mir von einer schlauen Katze mal Folgendes erklären lassen: Natürlich ist es ein Unterschied, ob ein Soldat einen Soldaten erschießt oder ob Soldaten zum Beispiel die wehrlose Bevölkerung eines Dorfes ermorden. Solche Dinge waren in diesem Krieg massenhaft passiert. Millionen Juden, Roma, Sinti, Sozialisten, Kommunisten und alle, die Hitler nicht passten, waren getötet worden oder hatten nur mit Glück überlebt. Kaum vorstellbar, dass noch ein Jahr zuvor ein großer Teil der Deutschen Hitler, diesem verrückten Verbrecher, blind vertraut hatte!

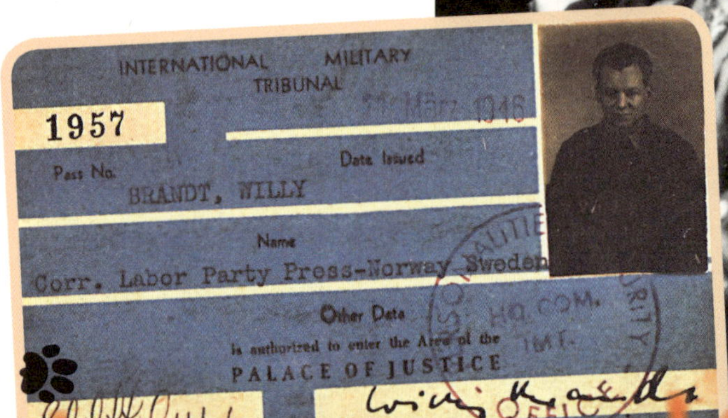

Nürnberger Kriegs

Die Journalisten sind erschüttert.
Die Pressetribüne in Nürnberg, 1945/1946

Die Kriegsverbrecherprozesse in Nürnberg waren ein Schock, nicht nur für Willy. Die Grausamkeiten, die viele Nazis begangen hatten, waren kaum vorstellbar. Erst jetzt wurde das ganze Ausmaß ihrer Gräueltaten aufgedeckt, und Willy fragte sich erneut, warum die demokratischen Parteien so schwach gewesen waren und Hitler unterschätzt hatten. Mit Erleichterung hörte er die Rede des amerikanischen Chefanklägers. Der stellte klar, dass er nicht alle Deutschen für schuldig hielt. Viele hatten Hitler ja auch abgelehnt oder sich sogar gegen ihn zur Wehr gesetzt.

Jetzt ging es darum, ein neues Land aufzubauen. Und natürlich hatte Willy gute Chancen in der Politik, denn er war ja kein Nazi gewesen. Dazu kehrte er erst einmal in seine alte Partei, die SPD, zurück.

verbrecherprozess

NEUBEGINN

Der Krieg war also beendet, aber die Situation war nicht viel einfacher geworden. Willy arbeitete jetzt in Berlin– anfangs noch als Pressebeauftragter bei der norwegischen Militärmission, später für seine Partei, die SPD. Die erste Zeit war chaotisch. Wieder einmal waren die Lebensmittel knapp, und überall blühte der Schwarzmarkt. So nennt man Märkte, die im Dunklen, im Verborgenen, eben ‚schwarz' und unerlaubt ablaufen. Jeder verkaufte, was er hatte, oder tauschte Schmuck und andere Wertgegenstände gegen Lebensmittel. Das war außerhalb von Geschäften eigentlich verboten. Die amerikanischen Soldaten verschenkten Kaugummis an die Kinder und Seidenstrümpfe an die abgemagerten deutschen ‚Frolleins'. Und zwischen den Kriegstrümmern versuchten die Berliner, ihre Stadt neu aufzubauen. Viele Männer waren im Krieg umgekommen, und so war der Wiederaufbau anfangs vor allem Frauensache. Die sogenannten ‚Trümmerfrauen' sortierten Steine und schufteten rund um die Uhr.

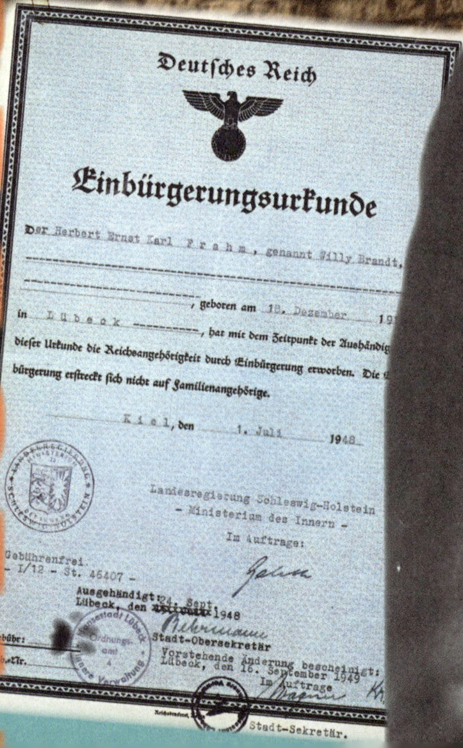

Deutsches Reich

Einbürgerungsurkunde

Der Herbert Ernst Karl F r a h m , genannt Willy Brandt,

, geboren am 18. Dezember 19

in L ü b e c k , hat mit dem Zeitpunkt der Aushändig

dieser Urkunde die Reichsangehörigkeit durch Einbürgerung erworben. Die

bürgerung erstreckt sich nicht auf Familienangehörige.

K i e l , den 1. Juli 1948

Landesregierung Schleswig-Holstein
- Ministerium des Innern -
Im Auftrage:

Gebührenfrei
- I/12 - St. 46407 -

Ausgehändigt: 24. Sept.
Lübeck, den 1948

Stadt-Obersekretär

Vorstehende Änderung bescheinigt:
Lübeck, den 16. September 1949
Im Auftrage

Stadt-Sekretär.

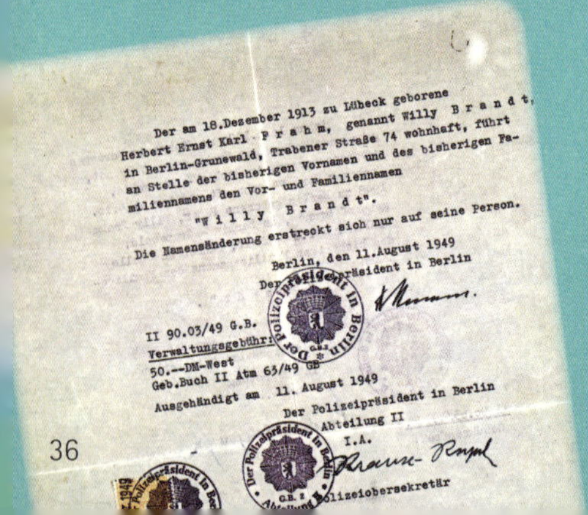

Der am 18.Dezember 1913 zu Lübeck geborene Herbert Ernst Karl F r a h m, genannt Willy B r a n d t, in Berlin-Grunewald, Trabener Straße 74 wohnhaft, führt an Stelle der bisherigen Vornamen und des bisherigen Familiennamens den Vor- und Familiennamen

"W i l l y B r a n d t".

Die Namensänderung erstreckt sich nur auf seine Person.

Berlin, den 11.August 1949
Der Polizeipräsident in Berlin

II 90.03/49 G.B.
Verwaltungsgebühr:
50.--DM-West
Geb.Buch II Atm 63/49 GB
Ausgehändigt am 11. August 1949

Der Polizeipräsident in Berlin
Abteilung II
I.A.
Polizeiobersekretär

Willy musste natürlich erst mal wieder Deutscher werden. Die deutsche Staatsbürgerschaft hatte er ja verloren. Am 1. Juli 1948 bekam er einen neuen Pass und ratet mal, welcher Name da zu lesen war!!!

Willy hatte sich mittlerweile als Willy Brandt einen Namen gemacht und diesen Namen aus seiner politischen Kampfzeit wollte er nun auch behalten. Herbert Frahm verschwand also in den Akten und der viel versprechende Nachwuchspolitiker Willy Brandt betrat die Bühne. Ach ja, fast hätte ich vergessen, dass es nun auch eine Rut Brandt gab. Noch in Norwegen hatte sich Willy nämlich neu verliebt. Ich merkte es daran, dass er plötzlich noch mehr Briefe schrieb als sonst: Er schrieb an Carlota, erklärte ihr die Lage, er schickte liebevolle Briefe an seine Tochter Ninja und nun auch noch an Rut Bergaust – meist mehrere am Tag. Telefonieren war damals nämlich noch sehr teuer. Außerdem war Willy ein begnadeter Briefschreiber. So blieb er mit Carlota befreundet, ließ sich aber von ihr scheiden und heiratete Rut. Ihr seht schon: Willys Familienverhältnisse blieben verwickelt.

Brief von Tochter Ninja aus Norwegen, 1947

Von nun an machte Willy Karriere in der Politik. Das lag sicher auch an der klugen und charmanten Rut. Ich sehe sie noch vor mir ... Die beiden waren ein tolles Paar. Ja, ich finde, sie hatten wirklich Glamour, und der strahlte in einer gerade vom Krieg zerstörten Stadt wie Berlin natürlich besonders hell. Die beiden Arbeiterkinder – Rut stammte auch aus einer Arbeiterfamilie – hatten es weit gebracht: Sie zogen in ein Haus im Grunewald, der vornehmsten Gegend Berlins. Und schon bald kam Peter, der erste Sohn, auf die Welt. Willy wurde jeden Tag von seinem Chauffeur, der den lustigen Namen Holly trug, abgeholt und ins Büro gefahren. Außerdem gab es eine Hausangestellte, Martha Litzl, die schnell zur Familie gehörte. Sie wurde von allen nur Litti genannt. Ich habe Litti geliebt!

Sein Hund, sein Haus, seine Frau, seine Mohrrüben
Vor dem Haus in Berlin-Grunewald, 1958

Verliebt, verlobt, verheiratet.
Willy und Rut im Englischen Club in Berlin, 1947

Wahrscheinlich war sie die Einzige, die mich jemals zur Kenntnis genommen hat. Ich weiß das, weil sie mir oft kleine Leckereien zusteckte. Aus dem abgemagerten Nachkriegskater wurde schnell wieder ein stattlicher Tiger.

Willy ging es übrigens ähnlich, wahrscheinlich weil Litti so gut kochte. Jahr für Jahr sah er nun wohlgenährter aus. Der Gärtner Meinke war auch okay, leider schmeckten mir die Mohrrüben, die er im Garten anbaute, ganz und gar nicht. Der Einzige, der mich wirklich nervte, war Blackie, der Familienhund. Wahrscheinlich war auch er ein für Hundeverhältnisse netter Köter, aber ihr wisst ja, Hunde und Katzen, das ist wie Nationalsozialisten und Sozialdemokraten – ach nein, solche Vergleiche hinken immer. Ich hoffe, ihr versteht, was ich meine.

Mit Sohn Peter, 1948

KARRIERE

OST

Die Länder, die Deutschland im Krieg besiegt hatten, die sogenannten Alliierten, teilten das Land nun unter sich auf: Die USA, England und Frankreich besetzten die westlichen Teile Deutschlands und West-Berlin, die Sowjetunion hingegen Ost-Deutschland und Ost-Berlin. Vielleicht habt ihr euch ja schon gefragt, was genau Willy in Berlin zu tun hatte? Was machen Politiker eigentlich? Für Willy kann ich das beantworten. Die Lage in Berlin sorgte damals fast jeden Tag für Schlagzeilen. Willy sprach im Auftrag seiner Partei mit den Vertretern der Alliierten, die Berlin besetzt hielten. Und bei denen gab es ein ganz großes Problem: Die Sowjetunion sonderte sich mit ihrem Ostsektor immer mehr von den drei westlichen Sektoren ab. Die Stadt war also plötzlich zweigeteilt, in eine Ost- und eine Westhälfte. Ziel der Russen war es nämlich, einen sozialistischen Staat nach dem Vorbild ihrer Sowjetunion zu errichten. Habt ihr eine Ahnung, was das bedeutet? Das heißt, dass Fabriken und Land den Besitzern weggenommen und zu ‚Volkseigentum' gemacht werden. Alles sollte dem Volk gehören. Der Haken an der Sache aber war: Allein die Kommunisten und ihre Partei sollten dann das Sagen haben! Freiheit war so nicht möglich! Und die Zustände in der Sowjetunion zeigten, dass es überhaupt nicht funktionierte.

An der Sektorengrenze, Potsdamer Platz

Besser und gerechter ging es dort nämlich nicht zu, im Gegenteil! Das wusste Willy schon lange. Der Sozialismus in der Sowjetunion war für Willy, wie für viele andere, eine große Enttäuschung. Und auch den westlichen Alliierten gefielen die Ziele, die die Sowjetunion in Deutschland verfolgte, überhaupt nicht.

Im Sommer 1948 kam es zum Bruch. Plötzlich gab es zwei verschiedene Sorten Geld in der Stadt. Zuerst wurde in den drei West-Zonen die neue D-Mark eingeführt, daraufhin wollte auch die Ost-Zone ihr eigenes Geld haben. Natürlich führten die neuen Scheine zu großen Verwirrungen und zu noch größerem Ärger! Der Chef der Sowjetunion, Josef Stalin, bekam einen Wutanfall: Er riegelte Berlin vom Rest der Welt ab. Das war ganz einfach. Um Berlin herum lag ja die sowjetisch besetzte Zone. Die Sowjets ließen nun einfach keinen Zug, kein Schiff und kein Auto mehr in den westlichen Teil Berlins durch. Man brauchte schon Flügel – oder ein Flugzeug.

Könnt ihr euch vorstellen, was damals los war in der Stadt? Bald waren die Essensvorräte aufgebraucht. Es gab oft keinen Strom. Und ausgerechnet in dieser Zeit wurde der kleine Peter Brandt geboren, im Krankenhaus bei flackerndem Kerzenlicht. Das war eine Aufregung!

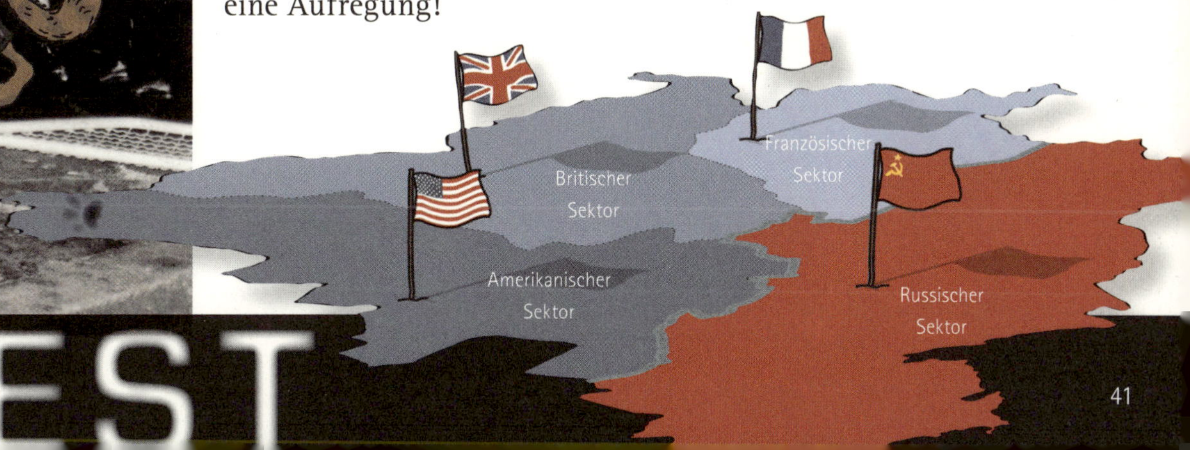

WEST

Berlin
CAT
CARE
Schokolade
Tempelho

Ich erlebte den Tag mit knurrendem Magen und Schwindel im Kopf, denn sogar das Katzenfutter war knapp geworden. Andererseits war Berlin plötzlich der Ort, auf den die ganze Welt schaute. Hier fand auf kleinstem Raum der Kampf der Supermächte statt, der größten und mächtigsten Länder der Welt: die Sowjetunion gegen die USA. Aus den Verbündeten gegen Hitler waren nun Gegner geworden.

Während die Sowjetunion West-Berlin bedrohte, halfen die Amerikaner. Innerhalb weniger Tage hatten sie eine ‚Luftbrücke' aufgebaut, und nun hörte man Tag und Nacht nur noch das Dröhnen der Flugzeuge am Himmel. Die Berliner, denen immer sofort ein komischer Begriff für alles und jedes einfällt, nannten die amerikanischen Flugzeuge ‚Rosinenbomber'. Ziemlich passend, wie ich finde. Über diese Luftbrücke bekamen wir nämlich fast alles, was wir brauchten, Lebensmittel, ein ganzes Kraftwerk und sogar Schokolade und süße Rosinen. Ich habe diese Rosinenbomber geliebt. Kein Wunder, dass viele Berliner in dieser Zeit die Amerikaner ins Herz schlossen.

In jenen Tagen begann die Eiszeit zwischen den beiden Supermächten, der Sowjetunion und den USA, und ihren jeweiligen Verbündeten. Von nun an zerfiel die Welt in zwei Lager. Sie führten eine Art ‚Kalten Krieg', das heißt, dass zwar nicht geschossen wurde, aber beide versuchten die andere Seite einzuschüchtern. Sie bedrohten sich mit immer mehr und immer furchtbareren Waffen. Schon 1945 hatten die USA die beiden japanischen Städte Hiroshima und Nagasaki mit Atombomben zerstört, und die Sowjetunion wollte nun auch diese schrecklichen Waffen haben. Bald gab es so viele Atombomben, dass man damit alles Leben auf der Erde hätte vernichten können, und zwar mehrmals. Menschen können ganz schön grausam sein!

„Rosinenbomber" werfen Hilfspakete ab

Luftbrücke

1948-49

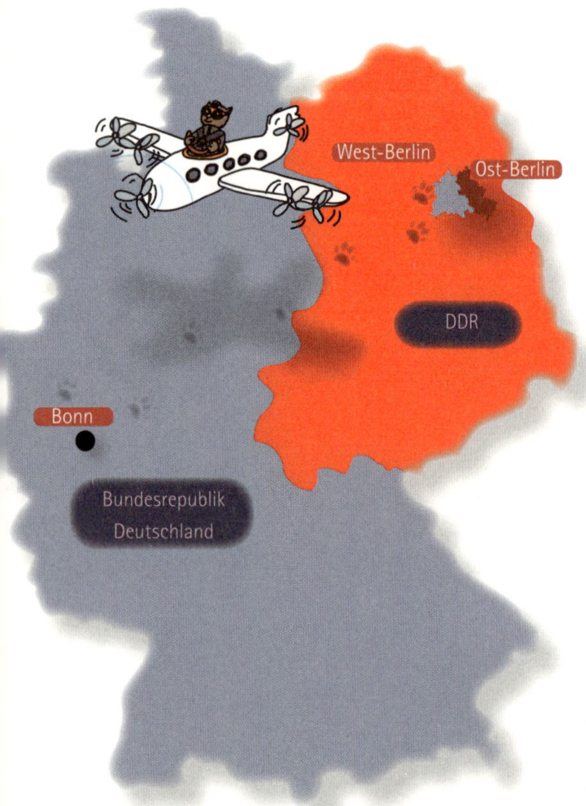

Berlin war also nicht gerade ein sicherer Ort. Die Stadt lag ja mitten in der sowjetisch besetzten Zone, aus der im Oktober 1949 die DDR entstand, mit Ost-Berlin als Hauptstadt. Schon ein paar Monate vorher, am 23. Mai, war auf dem Gebiet der drei Westzonen die Bundesrepublik Deutschland gegründet worden, mit der Hauptstadt Bonn. Der erste Bundeskanzler hieß Konrad Adenauer und war von der CDU. West-Berlin war nun nicht mehr das Zentrum Deutschlands, sondern nur noch so eine Art Außenposten der Bundesrepublik, mitten im ‚feindlichen' Gebiet sozusagen.

In den nächsten Jahren verbrachte Willy viel Zeit in Bonn, 600 Kilometer entfernt von Berlin. Denn als Berliner Abgeordneter im Deutschen Bundestag hatte er nun auch in der neuen Hauptstadt zu tun. Ich bin meistens in Berlin geblieben, bei der Familie. Diese dauernden Flüge waren mir trotz der netten Stewardessen zu aufreibend. Ich verstehe gar nicht, wie Willy all den Stress ausgehalten hat. Und es wurde ja immer schlimmer.

Eine perfekte Familie ..., 1955

... Spielen für die Fotografen, 1957

1952 kandidierte er für den Chefposten in der Berliner SPD. Leider ging es schief und es war nicht das einzige Mal, dass er eine Wahl verloren hat. Ich habe mich oft gefragt, ob ich so eine Wahlpleite ertragen würde: Wochenlang hängt das Wahlplakat mit deinem Bild in der Stadt herum. An jeder Litfaßsäule, jedem Bauzaun sieht man dein Gesicht. Die Kinder malen dir Schnurrbärte, und die Erwachsenen machen dumme Witze im Vorübergehen. Alles nicht so schlimm, wenn du am Schluss die Wahl gewinnst. Aber wenn nicht? Dann landest du einfach nur als zusammengeknüllte, aufgeweichte Papierkugel auf dem Müll. Na ja, Willy hat sich nicht so leicht unterkriegen lassen. Er hat einfach an sich geglaubt. Außerdem war er ja zum dritten Mal Vater geworden, und der kleine Lars hat sicher auch mitgeholfen, die Wahlschlappe wegzustecken. Kinder sind ein Segen! Ich hatte zu diesem Zeitpunkt bereits an die zwanzig, so genau weiß ich das nicht mehr.

... Vorlesen für die Fotografen, ca. 1958

... Arbeiten für die Fotografen, 1951

Eiserner Vorhang

Noch bis in die 50-er Jahre war Deutschland mit dem Wiederaufbau beschäftigt. Gleichzeitig wurden die Menschen immer dicker, weil sie sich endlich wieder echte Butter und fettes Fleisch und Zucker kaufen konnten. Vom heutigen Schlankheitswahn waren sie weit entfernt. Nur ab und zu fühlte man sich bedroht vom Kalten Krieg – vor allem in West-Berlin, das wie eine Insel im kommunistischen Ostblock lag. Längst hatte die Sowjetunion ihre Macht auch auf andere Länder ausgedehnt. Der ganze Osten Europas, Länder wie die Tschechoslowakei, Polen oder Ungarn, lagen nun hinter einem sogenannten ‚Eisernen Vorhang'. Dieser Ausdruck beschreibt ganz gut, wie sich die kommunistischen Länder vom Rest der Welt abschotteten.

Dass man sich hinter einem ‚Eisernen Vorhang' nicht wohl fühlen kann, ist klar. Im Juni 1953 kam es zu einem Aufruhr unter den Arbeitern in Ost-Berlin. Wieder einmal hatte die Regierung verlangt, dass die Bevölkerung noch mehr arbeiten solle. Ich hatte an diesem Tag ein sommerliches Rendezvous mit einer tollen Katze im Ost-Sektor. Leider haben wir uns dann vor lauter Menschenmassen verpasst. Die Straßen waren voll.
Die Leute streikten und protestierten gegen die Regierung. Und plötzlich bebte die Erde. Es war fürchterlich! Ich sah etwas Massiges, Dunkles auf mich zukommen. Ein russischer Panzer fuhr geradewegs auf mich zu, und

Russische Panzer in der Friedrichstraße, 17. Juni 1953

wäre ich im letzten Moment nicht zur Seite gesprungen, hätte es auch mich erwischt. Panik brach aus, die Panzer schossen in die Menge. Am Ende des Tages gab es unzählige Verletzte und über 50 Tote.

Drei Jahre später, 1956, gab es wieder Aufruhr in der Stadt. Diesmal wich ich nicht von Willys Seite. Die Sowjets hatten einen Aufstand in Ungarn niedergeschossen, und die Bevölkerung Berlins war wütend. Was sollte man sich von den Sowjets noch alles bieten lassen?! Als Willy hörte, dass Hunderte aufgebrachter junger Leute aus den West-Sektoren auf dem Weg zum Brandenburger Tor waren, das auf der Grenze zum Ost-Sektor der Stadt lag, sprang er schnell mit Rut ins Auto. Ich hinterher, und los ging es in einem Wahnsinnstempo! Willy wusste nämlich, wie gefährlich ein Zusammenprall mit der Sowjetunion werden konnte. So etwas konnte im Nu zu Problemen führen, vielleicht sogar zu einem Dritten Weltkrieg. Willy wirkte plötzlich wieder wie der feurige Lübecker Junge, der sich mit seinen Freunden aufmacht, um gegen die Nazis zu kämpfen. Jetzt allerdings musste er abwiegeln, nicht aufstacheln. Die Leute auf der Straße waren wirklich zornig! Wie sollte Willy in diesem Tumult das Interesse auf sich lenken? Ganz spontan fiel ihm etwas ein. Er sprang einfach auf das Dach seines Autos und hielt aus dem Stegreif Reden, um die Menschenmassen zu beruhigen. Es funktionierte. Die meisten gingen friedlich nach Hause, und Berlin und die Welt waren noch einmal gerettet worden. So kam es mir jedenfalls vor. Wahrscheinlich hätten ihn die Berliner am liebsten gleich zu ihrem Bürgermeister gewählt. Dazu kam es aber erst ein Jahr später.

Viertel nach zwölf...
Willy weiht die U-Bahnlinie 6 ein, 1958

Der Bürgermeister und die Queen, 1965

Am 3. Oktober 1957 wurde Willy der erste Mann von Berlin: Regierender Bürgermeister. Damit lastete aber auch jede Menge Verantwortung auf seinen Schultern. Die Situation war nicht einfacher geworden. Immer noch lag die Stadt wie eine Insel mitten im Ostblock. Es fällt schwer, sich das heute noch vorzustellen. Ständig flohen Menschen aus der DDR in die Bundesrepublik oder von Ost- nach West-Berlin. Das war lebensgefährlich! Und manche hielten es auch im umzingelten West-Berlin nicht mehr aus und verließen die Stadt aus Angst, dass die Sowjets irgendwann auch diesen Teil übernehmen würden. Es lag an Willy, das zu verhindern. Na ja, natürlich nicht nur an ihm, aber vor allem an ihm ... und an ein paar anderen, wie dem amerikanischen Präsidenten.
Auf jeden Fall war Willy der richtige Mann am richtigen Ort zur richtigen Zeit. Er hatte ein gutes Händchen, Fingerspitzengefühl, aber auch die nötige Härte, wenn es darauf ankam.

Mit der Filmschauspielerin
Marlene Dietrich, 1960

Regierender Bürgermeister

Willy hat damals in der ganzen Welt für die Freiheit Berlins geworben – und dazu immer wieder ein weißes Porzellan-Glöckchen verschenkt: eine Miniaturausgabe der tonnenschweren Freiheitsglocke, die jeden Tag um 12 Uhr oben im Turm des Rathauses Schöneberg erklang und für ein freies Berlin warb. Die Glocke war ein Geschenk der Amerikaner. Man kann sie übrigens auch heute noch hören, obwohl ganz Berlin nun schon seit Langem wieder eine freie Stadt ist.

Damals aber war Berlin eine Stadt, in der niemand so genau wusste, was der nächste Tag bringen würde. Regierender Bürgermeister zu sein, war eine große Aufgabe, aber auch ein harter Job. Einmal habe ich gehört, wie Willy zu einem Freund sagte: „Ich werde jetzt jedes Jahr um fünf Jahre älter!“ Ich war schockiert, denn ehrlich gesagt, sah man ihm die Anstrengung nicht an – noch nicht.

Willys Büro im Rathaus Schöneberg, 1957

In brenzligen Situationen braucht man gute Freunde. Das wusste auch Willy. Er suchte starke Verbündete und Partner. Schon 1950 hatte er sich für einen Beitritt der Bundesrepublik zum Europarat eingesetzt. Und er ging noch weiter: Um dem Machtstreben der Sowjets etwas entgegenzusetzen, trat er für Bündnisse mit den USA und anderen westlichen Mächten ein.

Anfang der 60-er Jahre spitzte sich der Kalte Krieg weiter zu. Alle zweieinhalb Tage machten die Sowjets nun Atombombenversuche, um die USA und die westlichen Länder einzuschüchtern. Der junge amerikanische Präsident John F. Kennedy versuchte, die Situation zu entspannen und die Sowjets nicht herauszufordern. Aber dann passierte etwas, woran man sich wohl in tausend Jahren noch erinnern wird: Nikita Chruschtschow ließ einfach eine Mauer bauen, quer durch Berlin. Das hätte kaum einer für möglich gehalten! Ost und West waren nun wirklich voneinander getrennt! Noch heute erscheint mir das Ganze wie ein böser Traum. Und vielen Menschen ging es ähnlich. In den nächsten Tagen wuchs die Mauer. Lieselotte, Hannelore und Erna, all diese wunderbaren Katzen aus dem Ostteil der Stadt, habe ich seitdem nicht mehr gesehen. Ja, fast wäre ich selbst drüben geblieben an jenem 13. August 1961.

MAUERBAU

1961

Die Arbeiter, die die Mauer bauen mussten, legten ein solches Tempo vor, dass ich mich nur mit einem gewagten Sprung noch rüber in den Westen retten konnte! In der Stadt herrschte ein unendliches Chaos. 50 000 Ostberliner, die in West-Berlin arbeiteten, mussten zu Hause bleiben, und umgekehrt natürlich auch. Die ganze Stadt samt ihren Straßen und U-Bahn-Linien war zerschnitten worden. Bei Häusern, die direkt auf der Grenze lagen, wurden einfach die Türen und Fenster zugemauert, und die Menschen versuchten, sich im letzten Moment aus den noch offenen Fenstern in den Westen abzuseilen. Familien und Freunde wurden auseinander gerissen. Es gab Verletzte und bald auch Tote. Die Berliner waren schockiert, und Willy kam überhaupt nicht mehr zum Schlafen. Dass diese schreckliche Mauer so schnell wie möglich wieder weg musste, da waren wir uns völlig einig! Zwei Monate später kam übrigens Willys dritter Sohn Matthias auf die Welt – ein Lichtblick für die ganze Familie in dieser unerfreulichen Zeit.

In der Bernauer Straße wagte man kühne Sprünge, 1961

Stacheldraht am Brandenburger Tor, 1961

Geteilte Stadt: Der amerikanische Kontrollpunkt C, auch „Checkpoint Charlie“ genannt, 1964

KENNEDY

Ich bin ein

Seit dem Mauerbau erhielt Willy noch mehr Post, Berge von Briefen. Politiker und Menschen aus aller Welt machten sich Sorgen um Berlin und den Weltfrieden. Willy fühlte sich von den USA im Stich gelassen. Wie konnten sie zulassen, dass die Sowjets eine Mauer durch Berlin bauten? Er schrieb einen Brief an den amerikanischen Präsidenten John F. Kennedy. Der kam dann zwar erst zwei Jahre später nach Berlin, dafür war dieser Besuch ein riesiger Erfolg. Willy fuhr mit ihm im offenen Cabriolet durch die Stadt. Die beiden sahen aus wie Filmstars. Auf den Straßen jubelten die Menschen und hätten wohl zu gerne Autogramme bekommen. Wieder einmal konnte Willy mit seinen Sprachkenntnissen Punkte sammeln. Denn dass einer Englisch konnte, war 1963 keineswegs selbstverständlich, noch nicht mal für einen Politiker. Am Schöneberger Rathaus, wo Willy als Bürgermeister regierte, hielt Kennedy dann die Rede, von der sich alle den einen Satz merkten. Er sagte nämlich überraschend auf Deutsch: „Ich bin ein Berliner!"

Bundeskanzler Konrad Adenauer war auch dabei, 1963

Berliner

Alle jubelten, weil es doch so sympathisch klang, so als würde er verstehen, was die Bewohner dieser Stadt seit Jahren durchgemacht hatten.

Der Höhepunkt in diesem Jahr 1963 war allerdings etwas anderes: unser 100. Geburtstag! Ich meine, Willy wurde 50 und ich natürlich auch. Ich wurde von einer netten Katze in den Berliner Zoo eingeladen, und Willy machte sich selbst – und vor allem den Berlinern – ein ganz besonderes Geschenk: das Passierscheinabkommen. Das klingt für euch vielleicht nicht besonders aufregend, aber es hat unzählige Menschen glücklich gemacht. Es bedeutete nämlich, dass Westberliner nach zwei Jahren völliger Trennung endlich wieder ihre Verwandten im Osten besuchen durften! Willy hatte das ausgehandelt. Weihnachten stand vor der Tür, und 700 000 Menschen nutzten die Möglichkeit. Von wegen ‚Stille Nacht'! Es wurden turbulente, glückliche, ausgelassene Weihnachten. „Dies ist der glücklichste Tag meines Lebens", murmelte Willy, bevor er sich am Ende seines Geburtstages erschöpft schlafen legte. Ich habe es genau gehört.

Studentenproteste in Bonn, 1969

STUDEN

1966 wurde Willy Außenminister. Zwanzig Jahre nach dem Ende des Zweiten Weltkrieges waren die Städte wieder aufgebaut, die Kochtöpfe voll und die Geldbeutel gut gefüllt. Vielen war das aber zu wenig – den Studenten zum Beispiel. Sie wollten alles anders machen als ihre Eltern. Sie sahen, dass immer noch viele ehemalige Nazis in der Politik, bei den Gerichten und in der Verwaltung saßen und dass Deutschland dabei war, sich mit all dem abzufinden, weil es ja wieder allen gut ging. Noch trugen die meisten Studenten ordentliche dunkle Anzüge und Krawatten und gingen regelmäßig zum Friseur. Langsam aber löste sich diese Ordnung auf. Immer mehr ließen sich die Haare lang wachsen, und die Bärte sowieso, warfen die Anzüge auf den Müll, kauften sich Jeans, die damals noch ‚Blue Jeans' hießen, und hörten wilde Musik, mit der sie ihre Eltern erschreckten. Sie wollten einfach anders sein als Mama und Papa, die sich bequem in der Bundesrepublik eingerichtet hatten und durch das sogenannte deutsche ‚Wirtschaftswunder' immer satter und selbstzufriedener wurden.

Demonstration in Bonn , 1968

TEN

Auch Willys Sohn Peter machte mit bei den Jugendprotesten. Wie sein Vater engagierte er sich in der Politik und griff die herrschende Regierung an. In der spielte nun aber sein eigener Vater eine bedeutende Rolle. Eine schwierige Situation. Willy und Peter haben viel diskutiert, und ich war immer froh, wenn ich merkte, dass sie sich nur deshalb so stritten, weil sie sich eigentlich sehr ähnlich waren. Seinen Sohn Lars hat Willy übrigens oft auf seine Reisen durch die Welt mitgenommen. Peter war schon zu groß und Matthias noch zu klein. Für Lars war es sicher aufregend, in die USA zu fahren. Aber ich glaube auch, manchmal hat es ihn ziemlich gelangweilt. Ständig saß er zwischen lauter rauchenden Herren in dunklen Anzügen, die sich um die große Weltpolitik Gedanken machten. Ich glaube, da haben ihm die Angelausflüge mit seinem Vater viel besser gefallen. Beim Angeln im jährlichen Sommerurlaub in Norwegen konnten die beiden stundenlang nebeneinandersitzen und aufs Wasser starren, bis ein Fisch anbiss, und ich bin ebenfalls auf Jagd gegangen.

Willy mit seiner Familie im Garten, 1965

Achtung Fische! Die Angler kommen!
Auf dem Berliner Schlachtensee, 1961

Mit Lars und Peter in Norwegen, 1961

Der Außenminister, ein Mann von Welt, in seinem Arbeitszimmer, 1967

Aber allzu viel Zeit blieb dafür nicht. Willys Kinder haben sich bestimmt manchmal gewünscht, ihr Vater hätte einen anderen Beruf und viel, viel mehr Zeit. Andererseits waren die Geschenke, die so ein Spitzenpolitiker aus aller Welt bekommt, durchaus interessant – wenn man auch oft nicht wusste, was man damit anfangen sollte. So wurden eines Tages riesige Elefantenzähne aus Afrika geliefert oder eine schicke Kiste voller bunter Krawatten. Einmal wohnte sogar ein kleiner Affe bei uns, den irgendwelche Bekannten von einer Reise mitgebracht hatten. Ich war froh, als der freche Kerl wieder weg war.

In dieser Zeit habe ich mich gerne abends vor den Fernseher gekuschelt, denn die Bilder da drin waren plötzlich nicht mehr schwarz-weiß. Auch das war Willys Werk. Auf der Internationalen Funkausstellung in Berlin hatte er einfach auf einen roten Knopf gedrückt und unser Leben noch bunter gemacht! Farbfernsehen! Für euch ist das ja völlig normal, aber für uns war es eine Revolution.

Plötzlich wurde die Welt bunt

& SÖHNE

1969 war ein aufregendes Jahr. Die Haare der Jugendlichen wurden noch länger, die Studenten hatten die Straße erobert, ständig fanden Demonstrationen, vor allem gegen den Vietnamkrieg der Amerikaner, statt. Bei diesem Krieg ging es nämlich gar nicht nur um Vietnam, vielmehr war es wieder mal ein Kampf der beiden Supermächte: USA gegen Sowjetunion. Und das kleine Land Vietnam hatte darunter zu leiden. Katzen gibt es dort übrigens auch.

Für mich wurde es in dieser Zeit immer schwerer, an Willy heranzukommen, denn er versuchte, Bundeskanzler zu werden. Es sah gut aus. Die Stimmung im Lande war deutlich nach ‚links' gekippt, d. h. gegen alles Althergebrachte gerichtet. Ein Regierungswechsel hing in der Luft – weg von der CDU zur SPD. Und nun war Willy genau der Richtige für das mächtigste Amt in der Bundesrepublik: fortschrittlich genug und dabei kein Träumer, sondern ein Realist mit dem Talent, Streitereien zu schlichten. Ich kannte ihn nun schon so lange, wir waren ja beide bereits in unserem fünften Leben angelangt. Trotzdem hat er mich immer noch überrascht.

1969

KANZLER

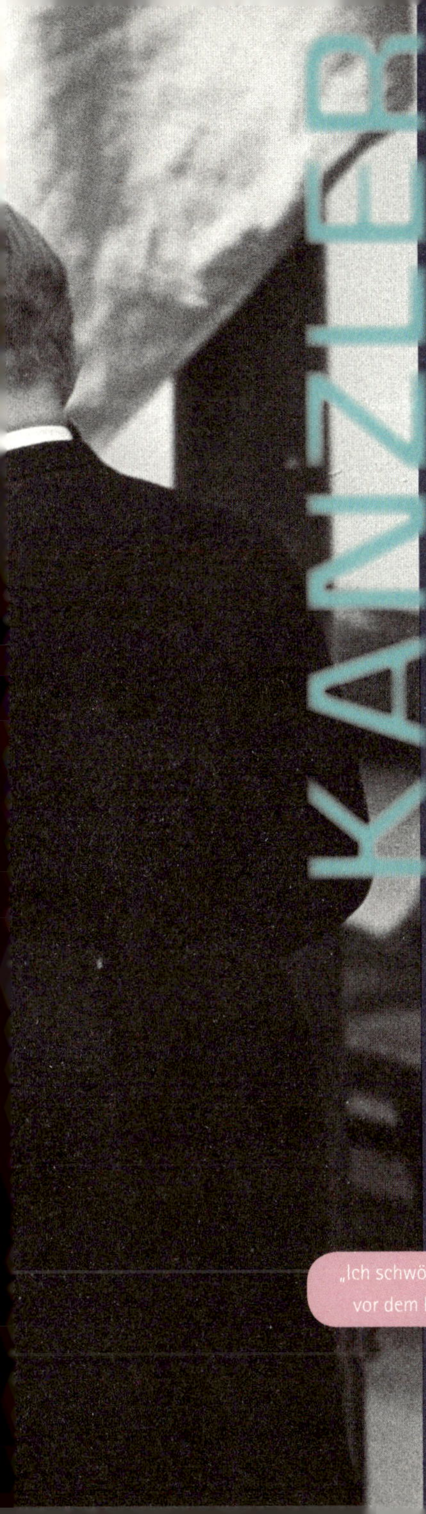

„Ich schwöre ...“ – Willy legt seinen Amtseid vor dem Deutschen Bundestag ab, 1969

Seine Antrittsrede als Bundeskanzler jagt mir heute noch einen Schauder über den Rücken. Nicht nur wegen seiner schweren Stimme, die den Worten noch mehr Gewicht gab. Es war eine Rede, die sich ganz klar an die jungen Wähler richtete. „Mehr Demokratie wagen!“, schmetterte er vom Podium. Das muss einem erst mal einfallen. Oder: „Wir suchen keine Bewunderer, wir brauchen Menschen, die kritisch mitdenken, mitentscheiden und mitverantworten.“ Außerdem wollte er mehr Geld für Schulen und Universitäten zur Verfügung stellen. Und er versprach, über die Herabsetzung der Volljährigkeit von 21 auf 18 Jahre nachzudenken. Das war natürlich schlau, denn er wusste, dass er vor allem bei jungen Wählern gute Chancen hatte. Endlich kümmerte sich die Politik um Dinge, die heute recht normal wirken: Bildungschancen für alle! Mehr Mitbestimmung – auch in den Firmen! Umweltschutz! – ein Wort, das damals erst erfunden werden musste. Keiner hatte sich in den Jahren zuvor Gedanken darüber gemacht. Dabei waren viele Flüsse braun von lauter Chemieabfällen und stanken zum Himmel.

Wasserschlacht!, Berlin 1968

Für Frieden und den Studentenführer Rudi Dutschke, Berlin 1968

[ENT-]SPA

Willy hatte viel zu tun. 1968 hatten die Sowjets mal wieder ihre Macht gezeigt und den sogenannten ‚Prager Frühling', eine Befreiungsbewegung in der Tschechoslowakei, mit Panzern niedergewalzt. Immer wenn ein Land ihres Machtbereiches mehr Freiheit forderte, rückten die Panzer an. Trotzdem ließ sich Willy nicht in seinen Bemühungen um Entspannung zwischen Ost und West beirren. Zu wichtig war ihm der Weltfrieden. Er suchte das Gespräch mit Leonid Breschnew, dem mächtigsten Mann der Sowjetunion. Es gibt Bilder von diesen Treffen, die zeigen, dass die beiden sich gar nicht so unsympathisch waren. Ich fand diese Begegnungen übrigens besonders komisch, weil Breschnew Willy immer zur Begrüßung umarmte, und Willy so etwas eigentlich hasste. Er hat es ertragen, weil er wusste, wie wichtig es war, den Chef der Sowjetunion für die anstehenden Gespräche freundlich zu stimmen.

Trotz seiner sympathischen Ausstrahlung brauchte Willy immer auch ein bisschen Abstand. Nur mir hat er manchmal erlaubt, um seine Beine zu streichen. Und während er sich im Garten seiner Bonner Kanzlervilla bei einem Empfang mit der wunderschönen Schauspielerin Romy Schneider unterhielt, hat er mich einmal sogar gestreichelt. Fast hätte ich in diesem Moment meine Zurückhaltung vergessen und ihm dankbar die Hand geschleckt. Aber dann gab mir die schöne Romy ein Autogramm und ich vergaß Willy.

Willy trifft Leonid Breschnew, den mächtigsten Mann der Sowjetunion …

… und findet ihn …

… gar nicht so übel, 1971

Mit der Schauspielerin Romy Schneider, 1971

NNUNG

Willy wirkte auf viele sehr distanziert, manchmal sogar kühl. Ich weiß es aber besser. Er war ein sehr mitfühlender Mensch. Ich habe ihn oft gerührt, erschüttert, traurig erlebt. An einem Dezembertag im Jahr 1970 überraschte er die Welt mit einer großen menschlichen Geste, deren Bild um die ganze Welt ging.

Willy reiste nach Warschau, und es ging um etwas sehr Wichtiges, die Aussöhnung mit Polen. Deutschland hatte Polen ja im Zweiten Weltkrieg überfallen, ganze Landstriche verwüstet, Millionen Menschen getötet, aus ihren Dörfern gejagt oder zur Arbeit in deutschen Rüstungsfirmen gezwungen. Willy war nun als Botschafter der Versöhnung nach Polen gereist, und um den Polen zu sagen, dass sie keine Angst mehr haben müssten vor Deutschland und vor einem neuen Krieg! Außerdem besuchte Willy in Warschau das ehemalige jüdische Ghetto. Dort hatten die Nazis während des Krieges die Juden zusammengepfercht, ausgeplündert und die meisten von ihnen später umgebracht. Willy war nun hier, um sich dafür zu entschuldigen. Als er sich dem Mahnmal für die ermordeten Juden näherte, fiel er plötzlich auf die Knie. Ich dachte schon, er sei gestolpert. Aber nein: Er kniete nieder, um vor aller Welt zu zeigen, wie leid ihm tat, was die Deutschen den Juden angetan hatten. Das Foto ging um die Welt und war für viele Menschen ein Zeichen dafür, wie sehr sich Deutschland, das während der Nazizeit zu einem ‚Reich des Bösen' geworden war, geändert hatte. Aber natürlich kann man es nie allen recht machen. Es gab in Deutschland damals auch Leute, die Willys Kniefall für eine übertrieben unterwürfige Geste hielten. Ich aber fand sie großartig! Willy hatte ja gegen die Nazis gekämpft und hätte selbst jederzeit ihr Opfer werden können. Trotzdem entschuldigte er sich im Namen des deutschen Volkes für dessen Verbrechen. Ich merke schon, ich werde sentimental bei diesem Thema, aber es beschäftigt mich eben. Könnt ihr das verstehen?

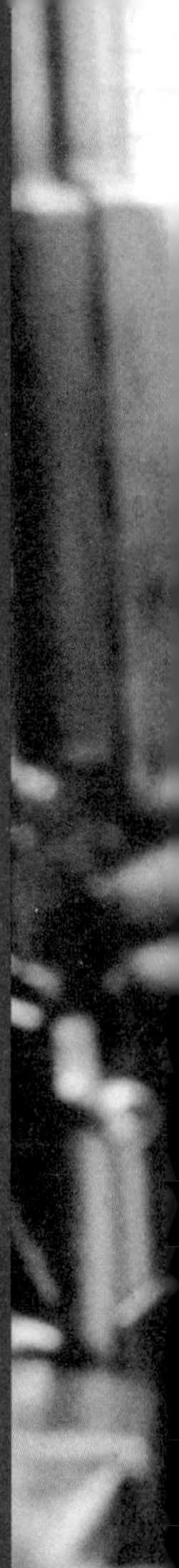

1970

Warschau

KNIEFALL

Und was beschäftigte Willy noch in dieser Zeit? Ich kann es euch sagen: der Kalte Krieg, die Berliner Mauer, das geteilte Deutschland, die zwischen Ost und West geteilte Welt und vor allem die Menschen, die unter diesen Zuständen litten. Was Willy für die Annäherung an die Länder im Osten Europas – die Sowjetunion und ihre Verbündeten – damals tat, ging als ‚Ostpolitik' in die Geschichte ein. Ostpolitik war vor allem Friedenspolitik. Willy war es nie peinlich, den ersten Schritt zu machen. Er suchte das Gespräch und erleichterte so die Kontakte zwischen den Menschen, vor allem zwischen Ost- und West-Deutschland. Die Mauer quer durch Berlin war ihm unerträglich – aber auch die durch Stacheldraht, Minen und Wachttürme nicht minder gesicherte ‚innerdeutsche Grenze' zwischen der Bundesrepublik Deutschland und der DDR. Willy ahnte, dass er wohl nur eine Chance hatte, sie langsam abzutragen: Er musste mit der DDR-Führung sprechen – und das, obwohl die Bundesrepublik die DDR offiziell gar nicht als Staat anerkannte.

Willy Brandt ans

Ich erinnere mich noch an eine Reise in die DDR, nach Erfurt, am 19. März 1970. Schon als wir morgens um 9.30 Uhr am Bahnhof aus unserem Zug stiegen, wurden wir mit begeisterten „Willy, Willy“-Rufen empfangen. Menschenmassen drängten sich hinter Absperrungsgittern. Willys Besuch galt Herrn Stoph, dem damaligen Ministerpräsidenten der DDR, der mit Vornamen ebenfalls Willi hieß, allerdings mit einem „i“ am Ende. Nur klingt ein „i“ am Ende ja nicht anders als ein „y“, und ich wusste am Anfang gar nicht, welchen Willy/i die Menschen nun eigentlich mit ihrer Begeisterung meinten! Als sie aber die Absperrungen durchbrachen und die Volkspolizei, wie die Polizei in der DDR hieß, die Massen kaum noch zurückhalten konnte, war klar, dass der aus dem Westen mit dem „y“ gemeint war. Der Jubel nahm immer noch kein Ende. Wir gingen ins Hotelzimmer im ‚Erfurter Hof‘, und als wir die Treppe hinaufstiegen, sahen mich ein paar Hotelkatzen bewundernd an. „Willy Brandt ans Fenster!“, riefen die Menschen immer wieder, bis Willy sich endlich am Fenster sehen ließ und der Menge zuwinkte. Das war eine ziemliche Schlappe für den ostdeutschen Willi und die DDR! Mein Willy aber war wirklich überwältigt von dieser herzlichen Begrüßung. Und wieder einmal spürte er ganz deutlich, wie wichtig es war, an der Vereinigung der beiden deutschen Staaten zu arbeiten.

Natürlich haben auch die USA als wichtigste Verbündete der Bundesrepublik Deutschland interessiert verfolgt, wie Willy mit seinen Verhandlungen im Ostblock vorankam. Fünf Mal ist er als deutscher Bundeskanzler in die USA gereist, denn die US-Amerikaner hatten ja als mächtigste Siegermacht bei fast allen deutschen Angelegenheiten mitzureden. John F. Kennedy war schon lange nicht mehr Präsident. Er war 1963, wenige Monate nach seinem Berlinbesuch, bei einem Attentat ums Leben gekommen, und die ganze Welt hatte getrauert. Nun war Richard Nixon im Amt. Willy sprach also mit ihm und ich merkte schon, dass da nicht die gleiche gute menschliche Chemie herrschte wie mit Kennedy. Aus diesem Grunde habe ich mich dann auch ziemlich schnell in die Küche verabschiedet, auf der Suche nach etwas Essbarem. Mir knurrte schon der Magen. Im Flugzeug hatte ich mich von ein paar Krümeln ernähren müssen, die zufällig auf den Boden gefallen waren. Während ich also über die flauschigen Teppiche

USA

im Weißen Haus – dem Amtssitz des amerikanischen Präsidenten in Washington – lief, auf der Suche nach der Küche, hörte ich plötzlich Stimmen. Ich flüchtete mich unter einen Tisch und plötzlich standen vier Männerbeine vor mir, die ich sofort zuordnen konnte, denn ich hatte sie vorher schon gesehen. Die beiden Männer unterhielten sich. „Er ist ja nicht sehr helle“, meinte der eine. „Ein bisschen dumm sogar“, meinte der andere. Dann lachten sie. Ich hatte keine Ahnung, von wem sie redeten, bis der eine von ihnen, ich glaube, es war der Präsident, das Geheimnis lüftete, weil er einen Namen erwähnte: „Willy Bräääänd!!!“ Ich hätte ihm am liebsten das Gesicht zerkratzt dafür, dass er mein großes Vorbild so beleidigte, aber mir war klar, dass ich gegen den Herren des Weißen Hauses keine Chance hatte! So zog ich es vor, mich schnell zu verkrümeln, und diesmal war ich froh, ein Kater zu sein und kein Mensch. Denn als Mensch hätte ich Willy einfach davon erzählen müssen. Und ich glaube, das hätte ihn ziemlich deprimiert.

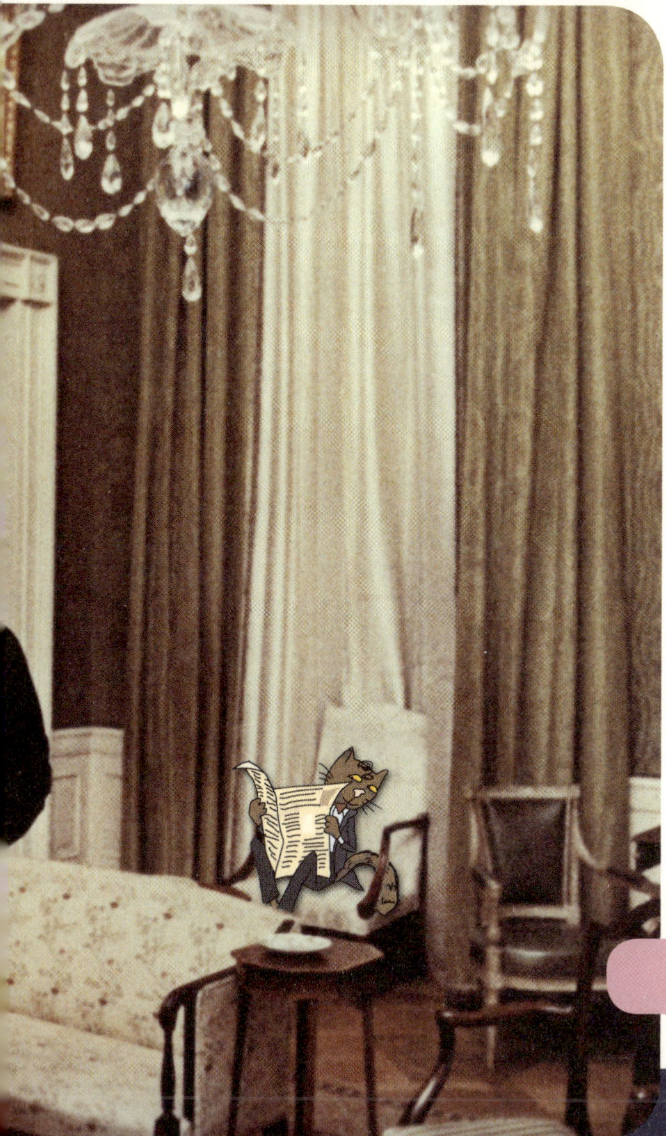

Zwei Herren im Frack.
Willy und Richard Nixon im Weißen Haus, 1970

Dass Willy alles andere als dumm war, wusste natürlich jeder, außer vielleicht dem amerikanischen Präsidenten. Auch in Norwegen hatte man Willys kluge Verhandlungserfolge mit dem Ostblock beobachtet, und so erhielt er am 10. Dezember 1971 den Friedensnobelpreis. Das ist eigentlich die höchste Auszeichnung, die ein Mensch überhaupt bekommen kann. Sie steht weit über einer olympischen Goldmedaille oder einem Oscar aus Hollywood. In seiner Rede machte er noch einmal klar, wie wichtig die Vermittlung zwischen Ost und West für den Frieden in der Welt war: „Wir wollen und brauchen die Partnerschaft mit dem Westen und die Verständigung mit dem Osten", sagte er und die ganze Welt hörte ihm zu.

Besser geht's nicht. Willy erhält den Friedensnobelpreis in Oslo, 1971

1971

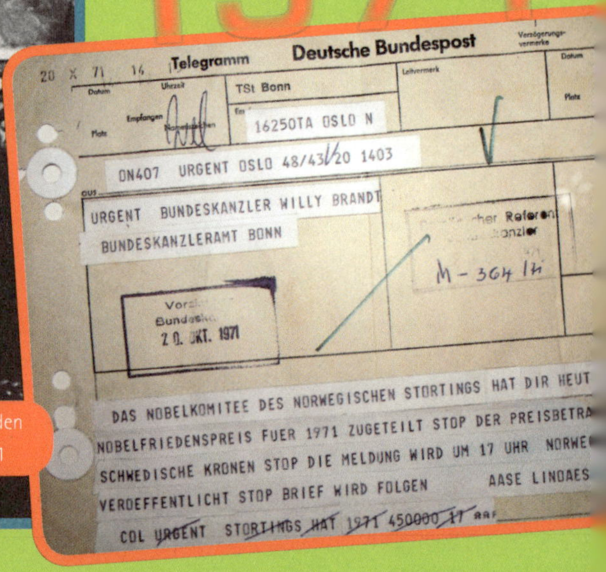

Telegramm Deutsche Bundespost

20 X 71 16

TSt Bonn

16250TA OSLO N

ON407 URGENT OSLO 48/43/20 1403

URGENT BUNDESKANZLER WILLY BRANDT
BUNDESKANZLERAMT BONN

20. OKT. 1971

M - 364 / 4

DAS NOBELKOMITEE DES NORWEGISCHEN STORTINGS HAT DIR HEUT
NOBELFRIEDENSPREIS FUER 1971 ZUGETEILT STOP DER PREISBETRA
SCHWEDISCHE KRONEN STOP DIE MELDUNG WIRD UM 17 UHR NORWE
VEROEFFENTLICHT STOP BRIEF WIRD FOLGEN AASE LINDAES
COL URGENT STORTINGS HAT 1971 450000 17

Willy genoss nun im Inland wie im Ausland ein ungeheuer großes Ansehen und wurde wie ein echter Popstar behandelt. Das zeigte sich auch bei der nächsten Bundestagswahl, die als ‚Willy-Wahl' in die Geschichte eingegangen ist. Willy stand immer noch für eine Politik des Aufbruchs in bessere, gerechtere, friedlichere Zeiten. Bei seinen Auftritten und Reden in der ganzen Bundesrepublik machte er eine gute Figur. Außerdem verstand er es, Künstler und Schriftsteller für seine Politik und sich zu begeistern. Mir haben auch die Anstecker gut gefallen, die damals für seinen Wahlkampf gedruckt wurden: „Willy wählen", stand darauf. Sie waren orange und wirkten sehr optimistisch. Denkt ihr, er hat die Wahl gewonnen? Klar! Es wurde ein sagenhafter Erfolg.

Allerdings wurde die zweite Amtszeit als Bundeskanzler um einiges härter als die erste. Willy wurde krank. Er hatte so viel angeschoben, unterzeichnet und gekämpft. Wie soll man es auch aushalten, fast 24 Stunden am Tag im Zentrum der Aufmerksamkeit eines ganzen Landes zu stehen und dabei noch ein offenes Ohr für möglichst alles zu haben?

Willy-Wahl, 1972

Und dann plötzlich nahmen die Dinge eine überraschende, gefährliche Wendung. Ich wollte Willy ja warnen. Aber wie hätte ich es anstellen sollen? Schnurren? Fauchen? Katzenbuckel? Ihr seht schon, meine Möglichkeiten im Umgang mit Menschen sind begrenzt.

Ein Mann namens Günter Guillaume wusste ganz genau, wie er Willys Vertrauen gewinnen konnte. Er war 1956 mit seiner Frau angeblich aus der DDR geflüchtet und hatte es recht schnell geschafft, in der SPD aufzusteigen. So arbeitete er schließlich im Kanzleramt. Guillaume war immer zur Stelle und interessierte sich für alles. Und das war ja auch durchaus seine Aufgabe als Referent des Bundeskanzlers. Referenten sind Leute, die Termine für Politiker organisieren und immer da sind, wenn man sie braucht – fleißige Helfer im Hintergrund sozusagen. Günter Guillaume machte seine Aufgabe gut, und Willy nahm ihn sogar mit, als er mit seiner Familie im Sommer 1973 in das norwegische Ferienhaus der Familie Brandt fuhr. Die Sommer in Norwegen habe ich übrigens immer besonders geliebt. Ich ernährte mich von leckeren Lachsen aus klaren Flüssen, und außerdem genoss ich die familiäre Atmosphäre, weitab der Bonner Politik – aber das nur am Rande.

Der Spion

1973

Er hing an Willys Mund und an Willys Ohr: Günter Guillaume, der Mann mit Sonnenbrille. Auf einer Versammlung, 1974

Gerade hatte ich mir ein sonniges Plätzchen gesucht, für meinen Mittagschlaf, da hörte ich Schritte, viel zu schnelle, hektische Schritte für Menschen, die gerade ihre Ferien genießen. Ich sah Guillaume, der mit einem Stapel Papieren in der Hand aus der Tür kam und im Wald verschwand. Das fand ich merkwürdig. Denkt dran, wir hatten ja immer noch den Kalten Krieg! Und gerade ein paar Wochen zuvor hatte ich im Kino einen James-Bond-Film gesehen und alles über Spione aus Moskau erfahren. Der Film hatte allerdings den Eindruck erweckt, dass die Sowjetunion nur wunderschöne Frauen als Spioninnen einsetzte, um die westlichen Geheimdienstmänner und Politiker um den Finger zu wickeln. Günter Guillaume war weder eine Frau, noch war er besonders schön, aber in den nächsten Tagen wurde mir klar, dass er Willy ausspionierte! Ein paar Monate später kam es heraus: Günter Guillaume war im Auftrag der DDR auf den wichtigsten Mann der Bundesrepublik Deutschland angesetzt gewesen. Die Geschichte wurde zu einem Skandal hochgekocht und löste wüste Zeitungskampagnen aus. Offensichtlich gab es Leute, die Willy schaden wollten. Sicherlich seine politischen Gegner. Das Schlimmste an der Sache aber war: Willy trat von seinem Amt als Bundeskanzler zurück! Ich saß unter seinem Schreibtisch, als er sein Rücktrittsgesuch an den Bundespräsidenten verfasste. In sein Tagebuch schrieb er: „Ich Rindvieh!" Offensichtlich hat er seinen Rücktritt und seine Arglosigkeit sehr bedauert.

Menschen sind wirklich seltsam ...

Was macht man eigentlich, wenn man plötzlich kein Bundeskanzler mehr ist? Endlich mal ausschlafen? Kaffee trinken? Witze erzählen, weil Lachen in allen Lebenslagen hilft?
Gar keine so blöde Idee. Willy hatte wirklich eine große Zahl von Witzen gesammelt, die er später unter dem Titel ‚Lachen hilft' herausgeben wollte. Aber jetzt war ihm erst mal gar nicht zum Lachen zumute. Ich glaube, er hat sich bis an sein Lebensende über seinen Rücktritt geärgert. Vielleicht, so dachte er plötzlich, wäre es gar nicht nötig gewesen? Trotzdem bin ich davon überzeugt, dass dieser Rücktritt genau das Richtige für ihn war. Denn jetzt hatte er endlich wieder viel mehr Zeit für etwas, das er auch sehr gut konnte: Schreiben. Er fing an, seine Memoiren zu schreiben. Die Bücher wurden Erfolge und in viele Sprachen übersetzt.

Nun war Helmut Schmidt Bundeskanzler, aber natürlich war Willy weiterhin politisch tätig, als Parteivorsitzender der SPD.

Nachdem er sich im Laufe seines Lebens vom Jungsozialisten zum Sozialdemokraten, zum Regierenden Bürgermeister und zum deutschen Bundeskanzler vorgearbeitet hatte, wurde er nun, in seinem fünften Leben, Weltpolitiker. Man wählte ihn zum Vorsitzenden der ‚Sozialistischen Internationale', die so etwas ist wie der Club aller sozialdemokratischen und sozialistischen Gruppierungen in der Welt.

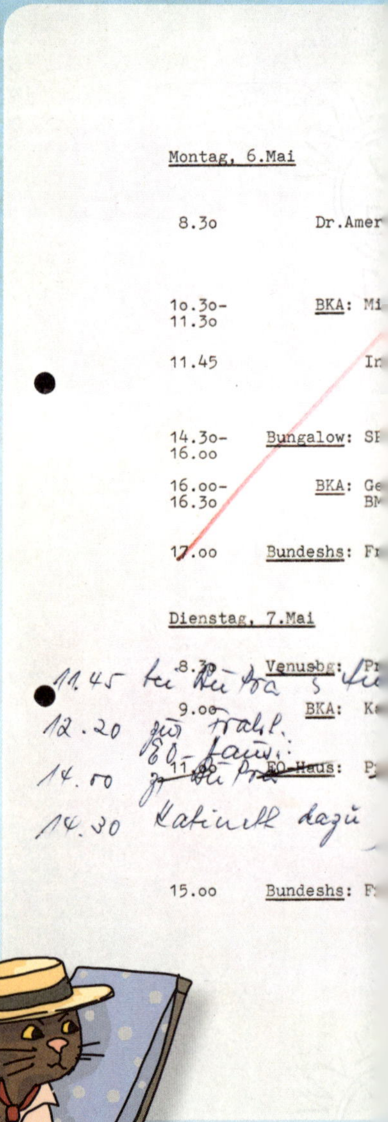
Montag, 6.Mai

8.3o Dr.Amer

1o.3o-11.3o BKA: Mi

11.45 In

14.3o-16.oo Bungalow: SF

16.oo-16.3o BKA: Ge BM

17.oo Bundeshs: Fr

Dienstag, 7.Mai

8.3o Venusbg: Pr

9.oo BKA: K

11.oo ~~EO-Haus~~: P

15.oo Bundeshs: F

11.45

12.20

14.00

14.30

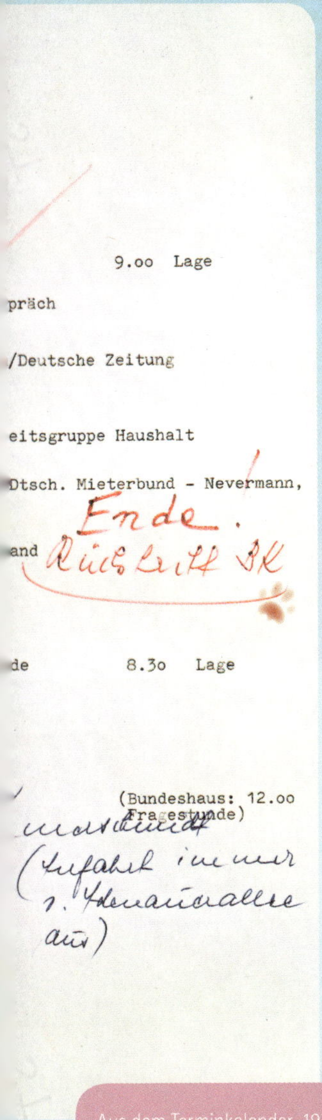
9.oo Lage

präch

/Deutsche Zeitung

eitsgruppe Haushalt

Dtsch. Mieterbund - Nevermann,

Ende.

and

de 8.3o Lage

(Bundeshaus: 12.00 Fragestunde)

(Anfahrt immer v. Adenauerallee aus)

Aus dem Terminkalender, 1974

Erholung beim Kaffee in Südfrankreich, 1979

NORD

Willy war jetzt Mitte 60 und plötzlich ein ‚Elder Statesman'. So nennt man erfahrene Weltpolitiker im Ruhestand, deren Rat nach wie vor gesucht wird, und Willy genoss als Friedensnobelpreisträger natürlich hohes Ansehen in der ganzen Welt. Außerdem war Willy seiner Zeit immer ein Stück voraus. Schon lange hatte er begriffen, dass die Welt sich immer rasanter veränderte und die einzelnen Länder in der Zukunft mehr und mehr aufeinander angewiesen sein würden. ‚Globalisierung' nennt man das heutzutage. Für euch ist es ja völlig normal, weit zu reisen und selbst in Asien oder Südamerika all das zu bekommen, was ihr von zu Hause auch kennt. Damals aber waren die Länder, ihre Bräuche und das, was man dort kaufen konnte, noch sehr unterschiedlich. Die Welt wuchs erst allmählich zusammen. Computer und Internet für alle gab es noch lange nicht. Aber Willy blickte immer nach vorn: Er sah die wachsende Überbevölkerung auf der Erde, die immer reicher werdenden Industrieländer im Norden – und die armen Länder im Süden. Natürlich wollte er etwas dagegen unternehmen, nicht nur von Deutschland aus, sondern auf Weltniveau. Gemeinsam mit dem damaligen Chef der Weltbank, Robert McNamara, gründete er 1977 die sogenannte ‚Nord-Süd-Kommission' und übernahm den Vorsitz. Die Nord-Süd-Kommission sollte nach Wegen suchen, wie die reichen Länder des Nordens den armen Entwicklungsländern helfen könnten. Die neue Aufgabe gefiel Willy sehr.

Mit Mario Soares, dem portugisischen Premierminister, auf einer Konferenz in Lissabon, 1978

Mit Nelson Mandela, der bald darauf erster schwarzer Präsident Südafrikas wurde, 1990

Wieder konnte er durch die Welt reisen und Projekte anschieben. Willy und seine Mitstreiter aus Nord und Süd forderten mehr Gerechtigkeit für die Länder der ‚Dritten Welt' und die weltweite Einhaltung der Menschenrechte: Recht auf Ernährung, Recht auf medizinische Versorgung und Recht auf Bildung.

Habt ihr euch nicht auch schon manchmal gewundert, warum Schokolade so billig ist, obwohl die Kakaobohnen doch in Afrika angebaut werden? Wenn ihr wüsstet, wie wenig Geld die Bauern dort für ihre Kakaobohnen bekommen, würdet ihr euch noch mehr wundern! Der größte Gewinn an der Schokolade bleibt nämlich erst bei uns hängen, in den Industrieländern, wo die Schokoladentafel hergestellt wird. Die armen Länder Südamerikas, Afrikas und Asiens dagegen erhalten immer noch viel zu wenig Geld für so wunderbare Dinge wie Bananen, Ananas, Kaffee oder Kakaobohnen.

Und wisst ihr eigentlich, dass auch heute noch in der Welt Tag für Tag rund 800 Millionen Menschen hungern müssen? Und wir hier im schönen Europa schmeißen ständig Essen in den Müll! All diese Ungerechtigkeiten in der Welt regen natürlich auch mich auf, zumal die Situation der Katzen in Afrika ziemlich übel sein soll.

SÜD

HERZ

Der Haken an der Sache war schließlich Willys Gesundheit. Er war nun schon fast 70 Jahre alt, und das Herz machte nicht mehr so richtig mit. Auf einer Amerikareise brach er zusammen, und der Arzt entdeckte einen verschleppten Herzinfarkt. Willy musste sich am Meer, an der französischen Côte d´Azur, erholen. Das hat ihm wirklich gut getan, vor allem weil ... na ja, wie soll ich es sagen? Er hatte sich noch einmal neu verliebt! Und zwar in seine Redenschreiberin Brigitte Seebacher. Ich fand das einerseits schade, weil ich Willys Frau Rut so mochte, andererseits sah ich, wie Willy aufblühte. Er hörte sogar auf mit dem Rauchen, und Brigitte Seebacher, die Geschichte studiert hatte, teilte offensichtlich die gleichen Interessen wie er selbst. Die beiden wurden ein gutes Team. 1983 haben sie geheiratet.

Kochvorbereitungen mit Enkelin Janina in Südfrankreich , um 1987

Willy und Brigitte Seebacher-Brandt, 1988

Empfang zum 75. Geburtstag, 1988

In dieser Zeit ging es auch politisch noch einmal so richtig rund. Anlass war der sogenannte ‚NATO-Doppelbeschluss'. Fragt mal eure Eltern, die können sich bestimmt noch daran erinnern! Dazu muss man wissen, dass die Sowjets seit 1977 zahlreiche Atomraketen vom Typ SS-20 auf die Bundesrepublik Deutschland und die übrigen Länder Westeuropas gerichtet hatten. Die NATO, also das westliche Verteidigungsbündnis, wollte nun mit neuen Raketen nachziehen. Aber Willy, der große Friedenspolitiker, hielt all diese Raketen für ‚Teufelszeug', egal, ob aus dem Westen oder aus dem Osten. „Der Frieden ist nicht alles, aber alles ist ohne den Frieden nichts", hat er einmal gesagt. Er machte sich, wie viele Bürger damals, große Sorgen. Tausende von Menschen, unter ihnen viele berühmte Schriftsteller und Künstler, demonstrierten gegen die Pläne der NATO. Auch in der DDR entstand damals eine Friedensbewegung gegen die Raketen der Supermächte. Und sogar ich habe an verschiedenen Katzendemos teilgenommen. Mit Sitzblockaden und Pfötchenhalten versuchten wir, auf uns aufmerksam zu machen. Es ist uns leider nicht gelungen. Die Presse achtete wieder einmal nur auf die Menschen!

Ein paar Jahre später hat sich die ‚Raketenfrage' dann erledigt. Der Ostblock war pleite und brach wirtschaftlich zusammen. Und in der DDR trauten sich immer mehr Menschen, für eine ‚friedliche Revolution' auf die Straße zu gehen. Außerdem war der neue sowjetische Parteichef, Michail Gorbatschow, endlich ein Mann, der mehr Demokratie und die Annäherung von Ost und West wollte.

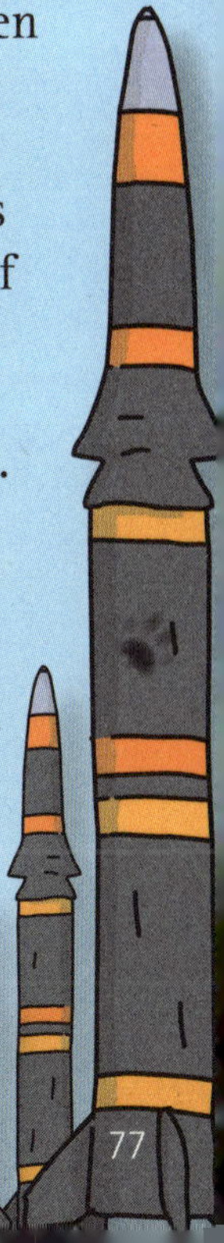

Weg mit der

Für Willy und für Millionen Deutsche erfüllte sich am 9. November 1989 ein Traum. Die Mauer, die uns fast dreißig Jahre lang von unseren Verwandten und Freunden im anderen Teil Deutschlands getrennt hatte, war plötzlich kein Hindernis mehr! Ohne Vorwarnung, so überraschend wie sie gebaut worden war, verschwand sie auch wieder. Die DDR-Regierung war am Ende. Zuletzt hatten jede Woche Hunderttausende DDR-Bürger für Demokratie und Freiheit demonstriert. In der Nacht vom 9. auf den 10. November 1989 gingen dann plötzlich die Tore auf – und Menschenmassen aus Ost-Berlin drängten in den Westen. Die meisten konnten es gar nicht fassen und glaubten, sie träumten! Ich ärgere mich noch heute, dass wir das nicht miterlebt haben. Aber wir saßen ja in Unkel am Rhein, viele hundert Kilometer entfernt von Berlin. Willy packte mit Brigitte gerade Umzugskartons aus, denn die beiden hatten ein neues Haus bezogen. Als das Telefon klingelte und Willy von dem ‚Wunder' in Berlin hörte, interessierten ihn die Umzugskartons natürlich nicht mehr. Kurze Zeit später saßen wir im Flieger, auf dem Weg in unser geliebtes Berlin. Während wir noch über der Stadt kreisten, bemerkte ich eine Träne in seinem rechten Auge. Oder habe ich mir das nur eingebildet? Ich jedenfalls war gerührt und froh, dass ich die Taschentücher nicht vergessen hatte!

Willy für alle ... Berlin, 10. November 1989

MAUER!

Als wir dann zum Brandenburger Tor fuhren, kamen uns die Menschen freudestrahlend entgegen. Viele hatten Sektflaschen in der Hand. Manche tanzten, andere lagen sich einfach nur in den Armen. Und sie jubelten Willy zu! Den meisten sah man an, dass sie die Nacht einfach durchgemacht hatten und zwischendurch weder zum Haarekämmen noch zum Duschen gekommen waren. In Berlin tobte damals das größte Straßenfest der Welt, und die ganze Welt schickte Journalisten. Und jede Menge Schaulustige kamen. Auch ich konnte endlich ein paar alte Freundinnen wieder in die Arme schließen und schenkte ihnen ein Kilo Bananen, weil es die im Osten ja angeblich nicht gegeben hatte. Aber das war wohl ein Missverständnis, denn die Mädels sahen mich nur mitleidig an. Natürlich kannten sie auch in der DDR Bananen!

Am Abend stand Willy auf einer Bühne vor dem Schöneberger Rathaus in Berlin und sang die deutsche Nationalhymne: „Einigkeit und Recht und Freiheit für das deutsche Vaterland!“ Endlich hatte sich dieser Wunsch für Willy und alle Deutschen erfüllt! Der Gesang, den die hohen Politiker dort oben lieferten, war allerdings ziemlich schief. ‚Katzenjammer’ würden die Menschen so etwas nennen!

Interview am Brandenburger Tor, 1986

Happy End

Happy End für meine Geschichte über Willy. Deutschland ohne trennende Mauer! Davon hatte er jahrzehntelang geträumt! Es war die Krönung seiner Bemühungen um Frieden und Versöhnung. „Nun wächst zusammen, was zusammengehört ...“, sagte er in einer Rede, und damit meinte er nicht nur Deutschland. Nein, ganz Europa sollte und konnte nun zusammenwachsen. Willy hat das nicht mehr erlebt, aber es hat ganz gut funktioniert. Inzwischen gehören ja fast alle Länder Europas zur Europäischen Union.

Willy war natürlich völlig klar, dass sie schwierig sein würde, die Vereinigung der beiden deutschen Staaten. Die Lebensläufe der Menschen in beiden Teilen des Landes waren einfach zu unterschiedlich – und auch, was die Bürger im Westen und die Bürger im Osten im Geldbeutel hatten. Viele Menschen aus der DDR mussten noch mal ganz neu anfangen. Ihre Welt war ja völlig zusammengebrochen, und die Bundesrepublik war total anders als die DDR. ‚Ossis‘ und ‚Wessis‘ mochten sich schon bald nicht mehr so gerne wie in den ersten Tagen nach dem Mauerfall. Sie mussten sich erst einmal aneinander gewöhnen. Und natürlich haben sie jede Menge ziemlich gemeine Witze übereinander erzählt. Eine Katze aus Pankow in Ost-Berlin lachte sich jedesmal schief über mich, weil sie mich für einen typischen Wessi hielt. Keine Ahnung, warum.

Am 3. Oktober 1990 wurde die DDR Teil der Bundesrepublik Deutschland. Wieder gab es eine riesige Party – und gefeiert wurde auch Willy. Könnt Ihr Euch vorstellen, warum? Ohne seine weitsichtige Friedenspolitik hätten Deutschlands Nachbarn, vor allem aber die Sowjetunion, niemals der deutschen Einheit zugestimmt! Lange hatten sie Angst gehabt vor Deutschland, das sich unter Hitler von seiner übelsten Seite gezeigt hatte. Ich glaube, diese Angst konnte Willy ihnen nehmen, weil er jahrzehntelang an einem neuen, friedlichen Deutschland gearbeitet hat. Und ich war dabei!

Am 8. Oktober 1992 ist Willy in seinem Haus in Unkel am Rhein gestorben. Ich habe eine Woche lang geweint. Dann bin ich ausgezogen ...

... nur seinen Bleistift habe ich mitgenommen. Damit habe ich diese Geschichte aufgeschrieben. Willy ist mir in all den Jahren wirklich ans Herz gewachsen. Und das will was heißen, bei einem coolen Kater wie mir! Miiiaaauuu!

Bildnachweis

Wir danken den folgenden Institutionen für die freundlicherweise zur Verfügung gestellten Bildvorlagen:

Willy-Brandt-Archiv im Archiv der sozialen Demokratie der Friedrich-Ebert-Stiftung, Bonn: S. 6-7, 8-9 M., 10-11, 14-15 u.M., 15 r., 18, 22-23 M., 26-27 M., 29 u.r., 34 u.l., 36 u.l., 36 u.r., 36-37 M., 37 u.r., 40 u. (© Preben Sonne), 44 u.r. (© Klaus Kindermann), 48 M.l., 49 u.l. (© Karoly Forgács), 56 u.M., 64-65 u., 66-67 (© White House Press Service), 68 u.r., 72-73 M., 74-75 o.M.,74 u., 76 u.l., 76 M., 78 u., 79 u.l., 79 u.r, 80, 82-83 Nachsatz, U 4 / *Archiv der sozialen Demokratie der Friedrich-Ebert-Stiftung, Bonn:* S.14-15 o.M., 22 u.r., 22 u.l., 30-31, 38, 45 u.l., 45 M. (© Kränkel), 49 u.r., 52-53 M., 53 r., 60 alle, 64-65 o.M., 69 u.l., 74-75 M., 78 u.l., 81, U4 / *Landesarchiv Berlin:* U1, S. 4, 24-25, 40-41 M., 44 u. l. , 45 r., 48 o.l., 48 u.l., 48 u.r., 52 u.l., 56 u.l., 56 o., 57 u.r. / *Ullstein Bilderdienst:* S. 42-43, 73 r. / *Presse- und Informationsamt der Bundesregierung:* S. 36-37 o.M., 46-47, 50-51 alle, 52 u.M., 53 u.r., 54-55 alle, 56-57 M., 58-59, 61 alle, 62-63, 68 u.l., 69 u.l., 70-71, 76 u.r. / *Geschichtswerkstatt Herrenwyck:* S. 12-13 / *Walter-A.-Behrendsohn-Forschungsstelle für deutsche Exilliteratur, Hamburg:* S .20-21 / *Arbeiderbevegelsens Arkiv og Bibliotek, Oslo:* S .26 u.l., 28 u.l. / *Archiv der Lübecker Nachrichten:* S. 32-33 / *Bildarchiv Preußischer Kulturbesitz, Berlin:* S. 47 u.r. / *U.S. National Archives, Washington D. C.:* S. 34-35 / *Albrecht Schreiber:* S. 16-17 M. / *Günter Kuhlmann:* S. 39 u.

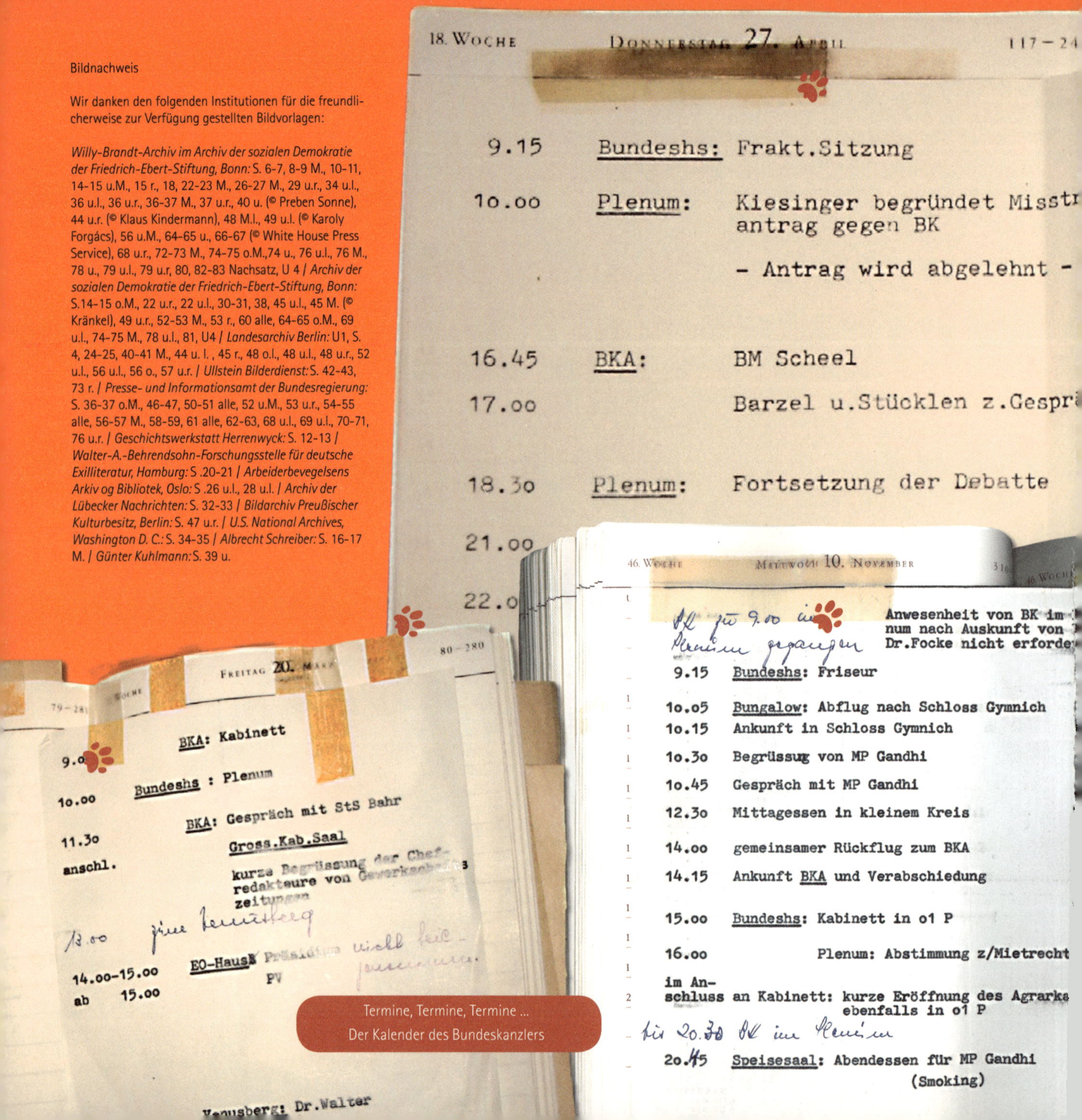

Termine, Termine, Termine ...
Der Kalender des Bundeskanzlers